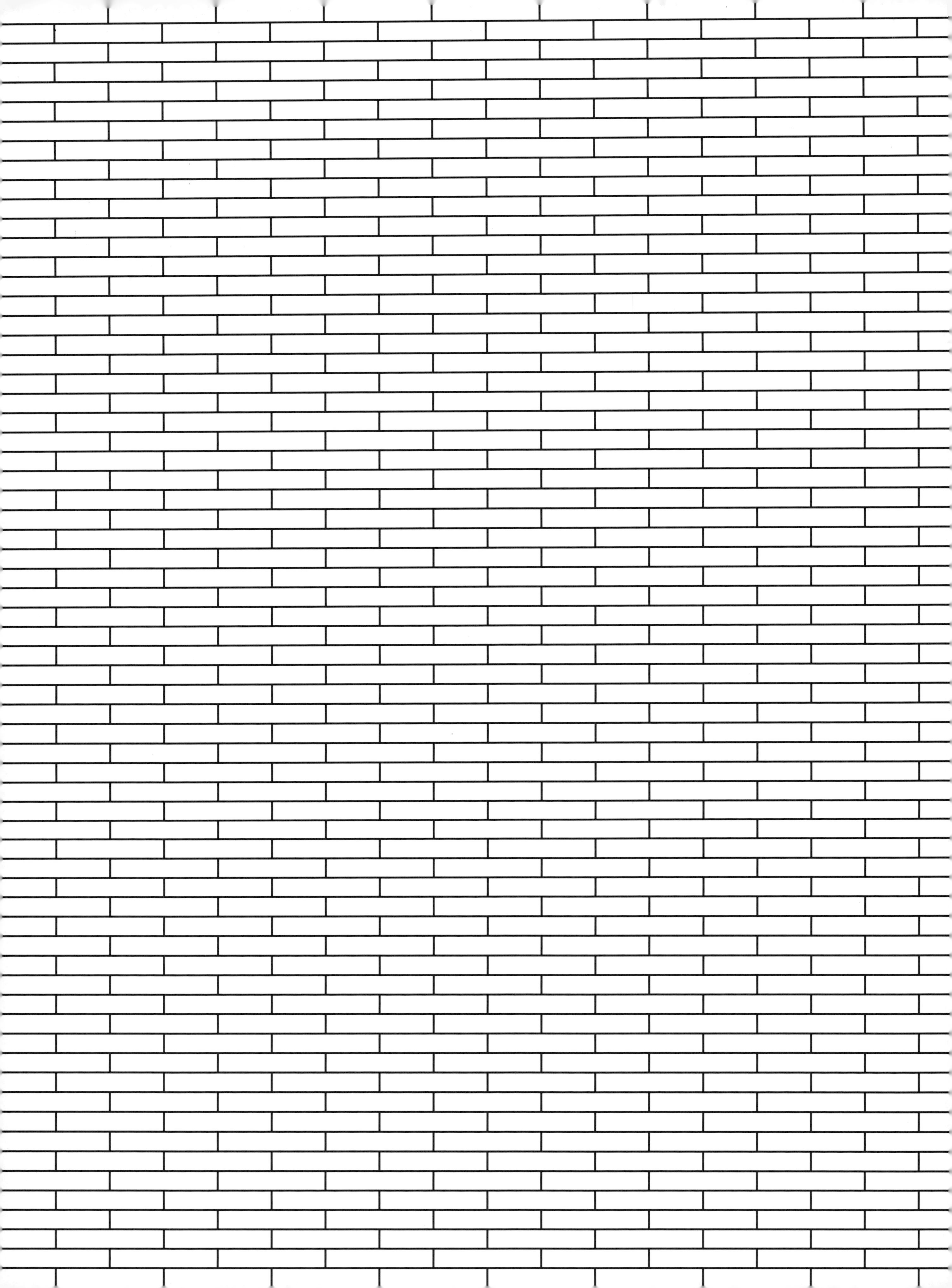

DAVIDE CASCIO
CHRISTIAN KATHRINER

TRANSPOSITION

MIT BEITRÄGEN VON | CON CONTRIBUTI DI

WITH CONTRIBUTIONS BY

JÖRG H. GLEITER

STANISLAUS VON MOOS

ROBERT SUCKALE

BIRGIT SZEPANSKI

SPECTOR BOOKS
LEIPZIG
MMXV

Für J. K.

5

Stanislaus von Moos

TRANS-POSITION

EIN PROJEKT VON
DAVIDE CASCIO
UND CHRISTIAN KATHRINER

Jeder für sich (und gelegentlich zusammen) lauern Davide Cascio und Christian Kathriner der Architektur auf, um mittels messerscharfer Aktionen und Interventionen deren verborgene Bedeutungshorizonte aufzuschlüsseln und zum Klingen zu bringen. Mal ist ein kleines Transformatorenhäuschen am Rand eines ausgemusterten Flugplatzes der Anlass (Kathriner, *Transformator*, Ennetbürgen, 2007), mal ein Hauptwerk der klassischen Architekturmoderne im Tessin (Cascio, *Tabula / Octaedron*, Biblioteca Cantonale di Lugano, 2008) [→ABB. 1]. Mal, wie im vorliegenden Fall, eine barocke Wallfahrtskapelle in der Innerschweiz [→ABB. 2 / 3].

Die Mischung aus theologischer Esoterik, Volksglauben und kirchlicher Prachtentfaltung scheint die Erfindungskraft der beiden Künstler besonders anzuregen. Dem in der Innerschweiz verankerten Künstler Christian Kathriner mag der Barock angeboren sein. Für den Tessiner Davide Cascio gilt wohl Ähnliches, wobei der Umstand, dass sich die beiden in Rom kennengelernt haben, einer zusätzlichen Weichenstellung gleichkommt (der Drang nach Rom – oder die simple Chance einer subventionierten Arbeitsklausur – hatte sie gleichzeitig ins Istituto Svizzero di Roma geführt, ein akademieähnliches, halbstaatliches, in einer prächtigen Gründerzeitvilla untergebrachtes Etablissement, das einen einmaligen Rundblick über die sieben Hügel im Angebot hat und außerdem die Muße, damit etwas anzufangen). Kathriners Fähigkeit hinwiederum, die in dieser Tradition verkörperten künstlerischen Konzepte gedanklich zu reflektieren samt dem, was diese für die Gegenwart bedeuten können, weist auf kunsttheoretische Horizonte, die sich ihm in Düsseldorf und Berlin eröffnet haben dürften, wo er studiert beziehungsweise seine ersten Erfahrungen als Künstler gesammelt hat.

TRAS-POSIZIONE

UN PROGETTO DI
DAVIDE CASCIO
E CHRISTIAN KATHRINER

Da tempo, ognuno per proprio conto (e qualche volta insieme), Davide Cascio e Christian Kathriner attendono al varco l'architettura. Le loro azioni e i loro interventi taglienti ne decodificano gli orizzonti simbolici nascosti e li evidenziano. Lo spunto può venire da una piccola casupola del trasformatore ai bordi di un aeroporto militare abbandonato (Kathriner, *Transformator*, Ennetbürgen, 2007), così come da una celebre opera architettonica moderna in Ticino (Cascio, *Tabula / Octaedron*, Biblioteca Cantonale di Lugano, 2008) [→FIG. 1]. A volte, come nel caso in oggetto, l'ispirazione deriva da un santuario barocco situato nella Svizzera centrale [→FIGG. 2 / 3].

La mescolanza di esoterismo teologico, credenze popolari e magnificenza ecclesiastica pare stimolare in particolar modo l'inventiva dei due artisti. Per Christian Kathriner, radicato nella Svizzera centrale, il Barocco sembra essere una caratteristica innata. Questo può valere in modo analogo anche per il ticinese Davide Cascio, e il contesto del loro primo incontro a Roma appare come un segno ulteriore di un percorso predestinato (la spinta verso Roma – o la semplice occasione di un soggiorno sovvenzionato di lavoro – li conduce nello stesso periodo all'Istituto Svizzero di Roma, un'istituzione di tipo accademico, semi-statale, alloggiata in una splendida villa della metà dell'Ottocento con vista unica sui sette colli, cui si aggiungono la calma e la pace necessari per poterla sfruttare). La capacità di Kathriner di riflessione intellettuale sui contenuti artistici di questa tradizione e sul loro possibile significato per il presente è la testimonianza di orizzonti teorico-artistici consolidatisi a Düsseldorf e Berlino, dove l'artista studia e compie le sue prime esperienze artistiche.

HERGISWALD UND LORETO: »RÜCKVERKNÜPFT«

Die wohl bisher ambitionierteste, zusammen mit Davide Cascio realisierte Arbeit, wurde zugleich für die Wallfahrtskirche Hergiswald bei Luzern und für Loreto geschaffen und bisher nur in Hergiswald während einiger Sommerwochen gezeigt. Das Werk wolle, so Kathriner in der Projektbeschreibung, »eine geistige Linie in der Landschaft der Zentralschweiz aufnehmen und neu thematisieren.« Den gedanklichen Anstoß bot die Santa Casa von Hergiswald selbst – die im Innern der Kirche aufgestellte Replik des Hauses, in dem Maria den Engel empfing, der ihr die frohe Botschaft überbrachte (eine von vielen Repliken des Hauses in Nazareth, das der frommen Legende zufolge in der Zeit der Kreuzzüge von einer Engelschar nach Loreto überführt und so vor kriegerischen Übergriffen »gerettet« wurde). Die Gnadenkapelle von Hergiswald solle »mit einem künstlerischen, geographischen und mentalen Brückenschlag mit der Santa Casa in Loreto ›rückverknüpft‹« werden. Bei der Lektüre wird allerdings klar, dass der »Brückenschlag« außerdem und vielleicht vor allem dazu dienen sollte, die überlieferten Gattungen Architektur, Malerei und Textilkunst zusammenzuführen: »Ein Baldachin, bestehend aus Leinenstoff, Messingtragstruktur und Neonlicht, bezieht sich auf die Maße der Santa Casa. Diese ›nomadische‹ Architektur beherbergt zwei Bildteppiche, anspielungsreiche figürliche Kompositionen, die sich unter der eindrücklichen Hergiswalder Bilderdecke, einem einzigen Zeichen-/Symbolalphabet, entschlüsseln und wieder neu verschlüsseln, und vice versa« [→ABB. 4].

Dem prägnanten Text ist eine Anzahl Zitate nach Vitruv und nach dem Alten Testament beigegeben, nebst Bildverweisen auf spätmittelalterliche Bildteppiche und auf die westöstliche Typologie von Zelt, Kaaba und Baldachin beziehungsweise ihre Spiegelung in mittelalterlichen Handschriften oder in der Malerei von Gentile Bellini [→ABB. 5]. Mit Recht stellt Davide Cascio seinerseits das Nomadenzelt in den Zusammenhang des architekturtheoretischen Topos der *Urhütte*. Dieser geht letztlich auf Vitruvs *Zehn Bücher über Architektur* zurück (1. Jahrhundert nach Christus) und nahm mit Gottfried Semper in den 1860er-Jahren eine neue Wendung, indem Semper den Archetypus der menschlichen Behausung nicht auf die Konstruktion von Stützen und Gebälk zurückführte, aus der sich, Vitruv zufolge, die Säulenordnung des griechischen Tempels herleitet, sondern auf ein komplexeres System von vier Grundelementen, wobei abgesehen vom Dach am Gerüst befestigte textile Matten oder Teppiche die Bewohner vor den Unbilden der Witterung schützen sollten. Der Baldachin von Hergiswald wird so zu einer Inszenierung des Semperschen *Bekleidungstheorems*.

ÉTANT DONNÉS: DIE LANDSCHAFT

Für den Interpreten stellt der Typus des *pictor doctus*, so, wie er von Christian Kathriner und, *mutatis mutandis*, von Davide Cascio verkörpert wird, eine besondere Art der Herausforderung dar: inspiriert durch den Künstlerdiskurs und zugleich auch wieder entmutigt durch den Umstand, dass dieser, indem er ihm den Weg weist, seinem eigenen Tun ein Stück weit den Boden entzieht, ist er vor die Alternative gestellt, entweder ins verallgemeinernde Theoretisieren auszuweichen oder

HERGISWALD E LORETO: «COLLEGAMENTO A RITROSO»

L'opera finora più ambiziosa, realizzata insieme a Davide Cascio in contemporanea per Loreto e il santuario di Hergiswald nei pressi di Lucerna, mostrata per ora unicamente a Hergiswald – purtroppo soltanto per alcune settimane durante l'estate – intende «cogliere e rielaborare una linea intellettuale del paesaggio della Svizzera centrale», come scrive Kathriner nella descrizione del progetto. Spunto concettuale è la Santa Casa di Hergiswald stessa, una replica dell'abitazione in cui Maria accoglie l'angelo recante la buona novella, custodita all'interno della chiesa (una delle numerose repliche della casa di Nazareth, che secondo la leggenda ai tempi delle Crociate fu trasportata a Loreto da una schiera di angeli, e venne così «salvata» dalle distruzioni belliche). La cappella delle Grazie di Hergiswald doveva essere posta in un «‹collegamento a ritroso› con la Santa Casa di Loreto, gettando un ponte artistico, geografico e mentale». Nel corso della lettura risulta tuttavia evidente che oltre a questo, «gettare un ponte» significa forse in primo luogo riunire i generi architettura, pittura e arte tessitoria: «Un baldacchino fatto di lino, costituito da una struttura portante in ottone e di luci al neon si riferisce alla volumetria della Santa Casa. Questa architettura ‹nomade› ospita due arazzi, composizioni figurative ricche di elementi allusivi che, posti sotto l'impressionante alfabeto semantico / simbolico della decorazione figurativa della volta di Hergiswald, dialogano con quest'ultima in un continuo processo di decodificazione e ricodificazione» [→FIG. 4].

Al testo conciso si accompagnano una serie di citazioni di Vitruvio e dell'Antico Testamento, oltre a riferimenti iconografici ad arazzi tardomedioevali e alla tipologia orientale ed occidentale di tenda, Kaaba e baldacchino e della loro riproposizione in testi medievali o nella pittura di Gentile Bellini [→FIG. 5]. Così Davide Cascio inserisce la tenda nomade nel contesto del topos teorico-architettonico della *capanna primigenia* che ritroviamo nei *Dieci Libri dell'Architettura* di Vitruvio (I secolo d. C.) e che negli anni Sessanta dell'Ottocento viene reinterpretata da Gottfried Semper. Costui riconduce l'archetipo dell'abitazione umana non alla costruzione con travi e sostegni, che secondo Vitruvio si ritrova nell'ordinamento delle colonne dei templi greci, ma ad un sistema più complesso di quattro elementi base, in cui non solo il tetto ma anche pannelli in tessuto o tappeti fissati alla struttura servivano a riparare gli abitanti dalle intemperie. Il baldacchino di Hergiswald diventa così una rappresentazione del *teorema del rivestimento* di Semper.

ÉTANT DONNÉS: IL PAESAGGIO

Per l'interprete il personaggio del *pictor doctus*, così come viene impersonato da Christian Kathriner e, *mutatis mutandis*, da Davide Cascio, rappresenta una sfida di tipo assai particolare: confrontato con un discorso artistico che insieme all'opera offre la sua chiave interpretativa, il critico avanza in territorio minato e ha due possibilità. Può aggirare l'ostacolo scegliendo interpretazioni teoriche generalizzanti, oppure si attiene in modo più o meno radicale a quanto gli occhi vedono, in questo caso quindi alla semplice evidenza di una tenda, sostenuta da barre di ottone, e dai cavi dei trasformatori per il neon con teli appesi ai lati, all'opera quindi come si presenta nella memoria

aber sich mehr oder weniger radikal an das zu halten, was man sieht – im vorliegenden Fall etwa die einfache, von Messingstangen gebildete, statisch in sich selbst ruhende, lediglich durch die Kabel der Trafos für die Neonbatterie im Raum verstrebte und von Textilien behangene Zeltkonstruktion – so wie diese in der eigenen Erinnerung und in den Plänen und fotografischen Aufnahmen erhalten sind – und das so Erinnerte in den Kontext eigener Assoziationen zu stellen. Im Folgenden wird der zweite Weg eingeschlagen.

Schon der fotografische Schnappschuss der renovierten Kuppellaterne der Wallfahrtskirche Hergiswald, der dem 2009 eingereichten Exposé des Wettbewerbprojekts als Titelbild und Blickfang dient, verkörpert, so gesehen, ein verschlüsseltes Programm [→ABB. 6]. Das Motiv ist aus Bodennähe aufgenommen, als Vordergrund ein Stück Fahrstraße samt gestrichelter weißer und ausgezogener, im Zickzack geführter gelber Markierung auf dem Asphalt. Das Bild signalisiert, dass sich das Werk, das sich im Innern der Kirche entfalten sollte, nicht nur in den vielfältigen formalen, ikonografischen und kulturellen Bezügen zwischen Hergiswald, Loreto und letztlich Nazareth erfüllt, Bezügen, die in der Wallfahrtskirche selbst verkörpert und im Künstlertext scharfsinnig reflektiert sind, sondern dass die Ambition im Kern eine plastische ist und eine, die radikal das Hier und Jetzt thematisiert. Hier wird nicht nur Hergiswald mit Loreto »rückverknüpft« – sondern das mentale Universum Barock mit dem Asphalt der »Großstadt Schweiz« und die heiligen Geschichten des Evangeliums sowohl mit den visuellen Strategien der Konzeptkunst und mit dem Bildschirmgeflimmer der heutigen Medien.

Als Ineinsblendung von moderner Fahrbahn und historischem Kultobjekt steht das von den Künstlern gewählte Titelbild im Widerspruch zum Ideal der schönen oder der erhabenen Landschaft, wie es die Malerei seit Claude Lorrain und bis hin zu Ferdinand Hodler zelebriert. Vielmehr knüpft es an die »niedere« Tradition touristischer Werbebilder und Postkarten- oder Briefmarkenmotive an, die gerade das, was der Landschaftsmaler souverän aus dem Blickfeld verdrängt – die Spuren der modernen Zivilisation –, ins Visier nimmt. Hergiswald rückt so auch thematisch in überraschende Nähe zu dem nur wenige Kilometer entfernt und in durchaus ähnlicher landschaftlicher Lage situierten, äußerst profanen Château Gütsch, so, wie es auf einem um 1900 entstandenen Plakat erscheint: Mehr noch als um das »Schloss« selbst geht es dort um den reißverschlussartigen Landschaftseingriff der Standseilbahn, die das Hotel an das Verkehrsnetz der nahen Stadt Luzern und darüber hinaus der Schweiz und der Welt anbindet [→ABB. 7].

WALLFAHRT UND MARKETING; *HIGH* UND *LOW*

Andererseits: Steht Wallfahrt heute nicht längst unter dem Vorzeichen und oft genug auch unter dem Vorbehalt des Tourismus? Steht nicht die Zukunft gerade von Hergiswald im Zeichen dieses Dilemmas (tragischerweise glauben ihm die Besitzer des Komplexes inzwischen sogar den bestehenden Landgasthof zugunsten einer »leistungsfähigeren« Schnellgaststätte für eilige Touristen opfern zu sollen)? Und außerdem: Ist der Kurzschluss von »hoher« ikonografischer Tradition und »niedriger«, kommerzieller Formensprache nicht das zentrale Thema der Mysterien, um die sich der Kunst-

personale, nei disegni e nelle immagini fotografiche – per poi inserire tutto ciò nel contesto delle proprie associazioni. Qui di seguito si è scelta la seconda alternativa.

Già l'istantanea fotografica della lanterna ristrutturata della cupola del santuario di Hergiswald, immagine di copertina e colpo d'occhio per la presentazione del progetto al concorso, nel 2009, rappresenta, in quest'ottica, un programma in codice [→FIG. 6]. Il soggetto è colto dall'altezza del suolo, in primo piano è visibile la strada, compresa la segnaletica sull'asfalto, la linea bianca tratteggiata e quella gialla a zig zag. L'immagine indica come l'opera che si sviluppa nell'interno della chiesa non rifletta solo i molteplici rapporti formali, iconografici e culturali fra Hergiswald, Loreto e Nazareth, rapporti ripresi e rappresentati nella chiesa stessa ed analizzati con precisione e profondità nel testo dell'artista, ma che l'ambizione, in fondo, è di carattere plastico, e affronta, in modo radicale, il Qui e l'Ora. Non si tratta solo di un «collegamento a ritroso» fra Hergiswald e Loreto, ma anche fra l'universo mentale del Barocco e l'asfalto della «metropoli svizzera», fra le storie dei Vangeli e le strategie visive dell'arte concettuale e il chiarore degli schermi dei media odierni.

Come unione tra una moderna carreggiata e tra un oggetto storico di culto, l'immagine scelta contrasta l'ideale del paesaggio bello o sublime, come venne celebrato nella pittura a partire da Claude Lorrain fino a Ferdinand Hodler, e si ricollega piuttosto alla «bassa» tradizione delle immagini pubblicitarie e delle cartoline per turisti, che tendono a concentrarsi su quello che il pittore paesaggista preferisce escludere dalla visuale, ovvero sulle tracce della civiltà moderna. Anche dal punto di vista tematico Hergiswald si avvicina ad un altro edificio, distante solo pochi chilometri e situato in un contesto paesaggistico similare, ovvero il Château Gütsch, un monumento assai profano, come si può vedere in un manifesto del 1900: più che sullo stesso «castello» qui lo sguardo cade sull'intervento paesaggistico rappresentato dal treno a cremagliera che, simile ad una cerniera, collega l'albergo alla rete di trasporti della vicina città di Lucerna e, inoltre, alla Svizzera e al mondo [→FIG. 7].

PELLEGRINAGGIO E MARKETING; *HIGH* E *LOW*

I riti sacri del pellegrinaggio sono da tempo profanati e riciclati dalle molteplici forme del turismo. Non dovrebbe quindi stupire che il dilemma iscritto in questa condizione crei qualche problema proprio a Hergiswald (infatti, i proprietari del complesso vogliono sacrificare la tradizionale locanda in favore di un ristorante moderno «più efficiente» per i turisti frettolosi, operazione che cambierà per sempre il carattere del sito). D'altra parte non è proprio la contrapposizione tra «alta» tradizione iconografica e «basso» linguaggio formale ad essere il tema centrale dei misteri intorno a cui ruota l'arte moderna? Fra gli artisti che nel loro lavoro hanno rivelato in modo sistematico queste tensioni, Gerhard Merz rappresenta il riferimento più diretto. Come ha affermato lo stesso Kathriner, il memorabile catalogo della mostra di Merz *Mondo cane* presso il Lenbachhaus di Monaco (1983/84) riveste un'importanza fondamentale per l'opera in oggetto. E ciò soprattutto rispetto all'audace fusione di magnificenza pittorica ispirata all'arte della seconda metà dell'Ottocento da una parte e, dall'altra

betrieb der Moderne schlechthin dreht? – Unter den Künstlern, die solche Spannungsfelder in ihrer Arbeit systematisch offengelegt haben ist Gerhard Merz die unmittelbarste Referenz. Der denkwürdige Katalog zu Merz' Ausstellung *Mondo cane* im Münchener Lenbachhaus (1983/84) – eine kühne Ineinsblendung von malerfürstlichem Gründerzeitprunk und »billigen«, an Warhols Siebdruckbilder anknüpfende Porträts tropischer Urbewohner – hat für das vorliegende Werk, wie Kathriner sagt, zentrale Bedeutung [→ABB. 8].

Der Eingriff in die Wallfahrtskirche knüpft hier an, allerdings nicht qua Formensprache oder Bildwelt, sondern methodisch. Die Dreistigkeit, mit der das Neonrautenmuster der überhellen Baldachindecke das Chiaroscuro des Sakralraums zerreißt und in die Moderne herüberholt: Sind wir zu blasiert, um die Provokation dieser buchstäblichen Überblendung der Kulturen als solche auch nur wahrzunehmen? Die Provokation besteht auch darin, dass sie das, was an der barocken Ausstattung selbst an Schießbudenzauber glänzt, in seiner heidnischen Pracht entlarvt. Das Rautenmuster der Leuchtdecke als solches wiederum ist von dem Rippenmuster abgeleitet, das den Nachthimmel der Gnadenkapelle überspannt, die auf der Rückseite des Hochaltars angeordnet ist [→ABB. 9]. Neonlicht funktioniert hier als eine in den Raum gehängte Zeichnung, analog zu den Schriftzeichen und architektonischen Kürzeln, die den Nachthimmel von Las Vegas bevölkern. Bereits einige Jahre zuvor hatte Cascio die Lobby der Biblioteca Cantonale in Lugano mit einer in Neon ausgeführten doppelten Sehpyramide als »Demonstrationsraum« eingerichtet und so Rino Tamis Architektur auf dem Umweg über Duchamp um eine philosophische Dimension erweitert, die in der Struktur des Bauwerks nur latent vorhanden ist [→ABB. 1].

Learning from Las Vegas, das von Robert Venturi, Denise Scott Brown und Steven Izenour verfasste Kultbuch der neueren Architekturdiskussion, war bereits zwei Jahre erschienen, als Kathriner zur Welt kam. Schon 1968 hatte Venturi den Chorbezirk einer katholischen Kirche in Philadelphia durch eine im Raum schwebende, gebogene Neonröhre erleuchtet und später präzisiert, die Verwendung von Neon diene hier nicht dem Zweck, das Sakrale zu profanieren, sondern im Gegenteil dazu, die im »ordinären« Material verkörperte Alltäglichkeit zu nobilitieren [→ABB. 10]. Dass Neonlicht in der Kirche für Pfarrherren im Herkunftsland von Venturis Familie schon aus pragmatischen Gründen genauso selbstverständlich war wie Heizpilze im Winter hinderte die fragliche Kirchgemeinde in Philadelphia freilich nicht daran, die Beleuchtung wieder zu entfernen. Andererseits: Wo hätte Dan Flavin, der ehemalige Theologiestudent, eine Neoninstallation in einer Kirche realisieren können, wenn nicht in Italien (Santissima Annunziata in Chiesa Rossa, Milano)?

MATERIALECHTHEIT?

Ist Neon in der Kirche heute keine Provokation mehr? Gilt dasselbe auch für die Imitation von gemauertem Backsteinverband in Form von textilem Gewebe? Das Motiv ist natürlich ein »Zitat«. Man beachte, dass der Mauerverband, auf den sich das Zitat bezieht, seinerseits nicht gemauert ist, sondern lediglich dem Mauerputz aufgemalt: auf die Innenwand der Santa Casa [→ABB. 3]. Cascio und Kathriner treiben die Kettenreaktion der Übersetzungen von einem Medium ins Andere

parte, di ritratti di indigeni dei paesi tropicali realizzati in un modo più «modesto» il quale richiama le serigrafie di Warhol [→FIG. 8].

È a questo che si riallaccia l'intervento nel santuario, non tanto riguardo al linguaggio formale o all'universo iconografico, quanto più rispetto al metodo. La sfrontatezza con la quale il motivo a rombi dei tubi al neon dell'abbagliante soffitto del baldacchino spezza il chiaroscuro dello spazio sacro e lo trasporta nella modernità: siamo forse troppo blasé per riconoscere come tale la provocazione di questa sovrapposizione di culture? Per ammettere che lo splendore delle decorazioni barocche ricorda il luccichìo pagano dei carri dei luna park? La geometria a rombi del soffitto a sua volta è ripresa dal motivo a nervature che percorre il cielo notturno della Santa Casa, situato sul retro dell'altare maggiore [→FIG. 9]. L'illuminazione al neon agisce come un disegno appeso nello spazio, in maniera analoga alle scritte e alle sigle architettoniche che popolano il cielo notturno di Las Vegas. Già alcuni anni prima Cascio aveva installato uno «spazio dimostrativo» nell'atrio della Biblioteca Cantonale di Lugano, una struttura di tubi al neon a forma di doppia piramide visuale: con una deviazione attraverso Duchamp, l'installazione aggiunge una dimensione filosofica alla concezione architettonica di Rino Tami [→FIG. 1].

Learning from Las Vegas, opera cult e tuttora oggetto di discussione, scritta da Robert Venturi, Denise Scott Brown e Steven Izenour, è stata pubblicata due anni prima della nascita di Kathriner. Già nel 1968 Venturi aveva illuminato il coro di una chiesa cattolica di Filadelfia con un tubo al neon piegato e sospeso nello spazio, precisando poi che l'uso del neon non intendeva profanare il sacro, quanto al contrario nobilitare la quotidianità incarnata dal materiale «povero» [→FIG. 10]. Che per i parroci del paese di origine della famiglia di Venturi la luce al neon in chiesa continui ad essere altrettanto normale come lo sono le stufe a fungo d'inverno – per motivi innanzitutto pragmatici – non trattenne la comunità dei fedeli di Filadelfia dalla rimozione dell'illuminazione poco tempo dopo la conclusione dei lavori. Non stupisce il fatto che per realizzare un'installazione al neon in una chiesa, Dan Flavin, l'ex studente di teologia, sia dovuto andare in Italia (Santissima Annunziata in Chiesa Rossa, Milano).

LA VERITÀ DEI MATERIALI?

Forse il neon in chiesa oggigiorno non è più una provocazione? E lo stesso non vale forse anche per il tessuto il quale imita un muro di mattoni? Il motivo naturalmente è una «citazione». Si noti infatti che il muro di mattoni a cui si fa qui riferimento non è un muro vero e proprio, ma a sua volta un motivo dipinto sull'intonaco della parete interna della Santa Casa [→FIG. 3] Cascio e Kathriner spingono al limite la reazione a catena delle trasposizioni da un medium all'altro, piegando il basso della tenda in tale modo che l'interno (bianco) della tenda venga contrapposto direttamente con l'esterno (nero) per esporre la trama del «muro» sia in positivo sia in negativo. [→FIG. 11]. Identificando quindi così la loro «costruzione di mattoni» al contempo con una tenda nomade ed accostandosi alla Kaaba della Mecca, i due artisti mirano ad una mescolanza di culture e religioni dai risvolti potenzialmente scottanti, perlomeno in un paese che ha recentemente introdotto nella Costituzione il divieto di costruire minareti [→FIG. 5].

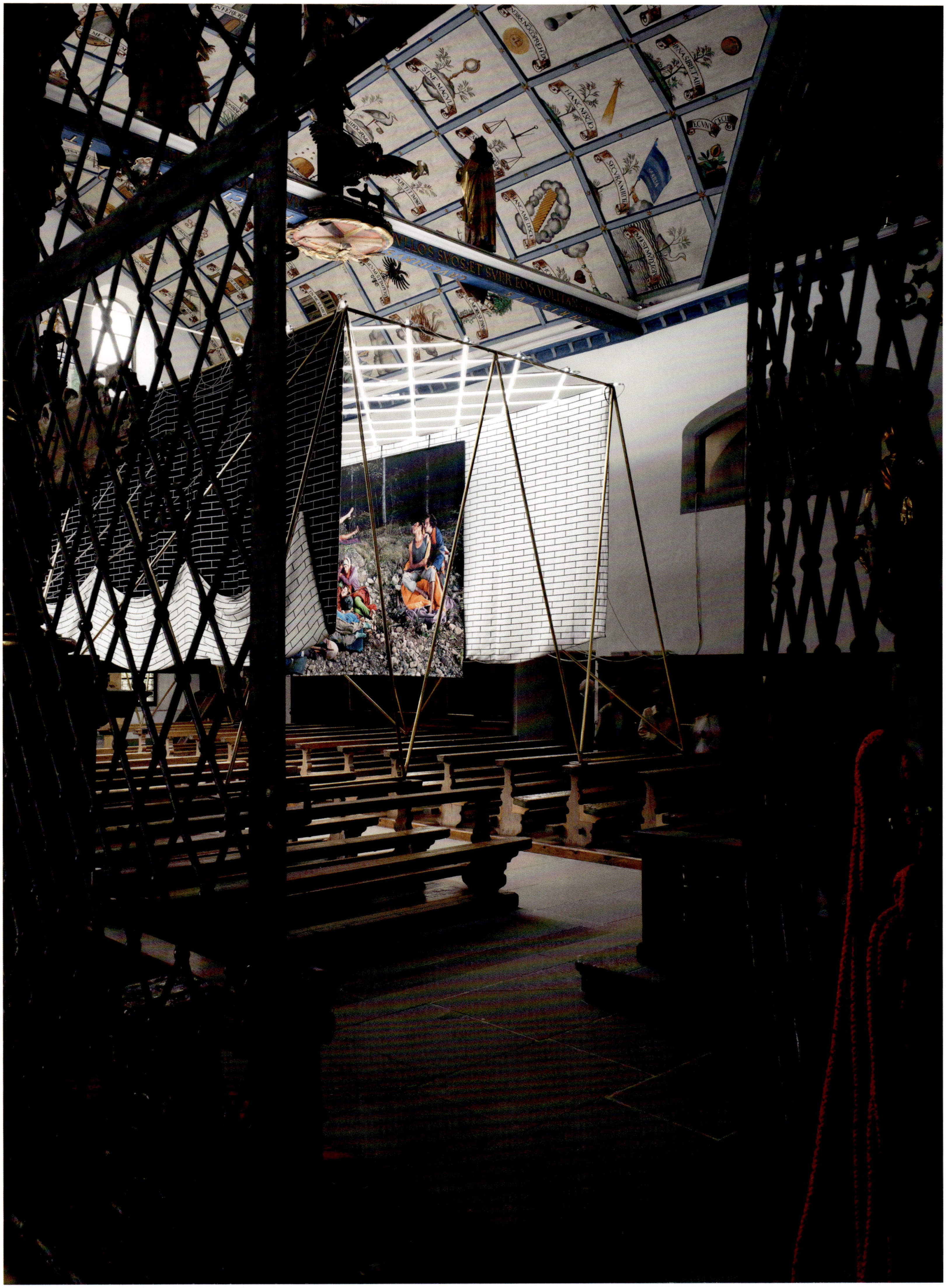

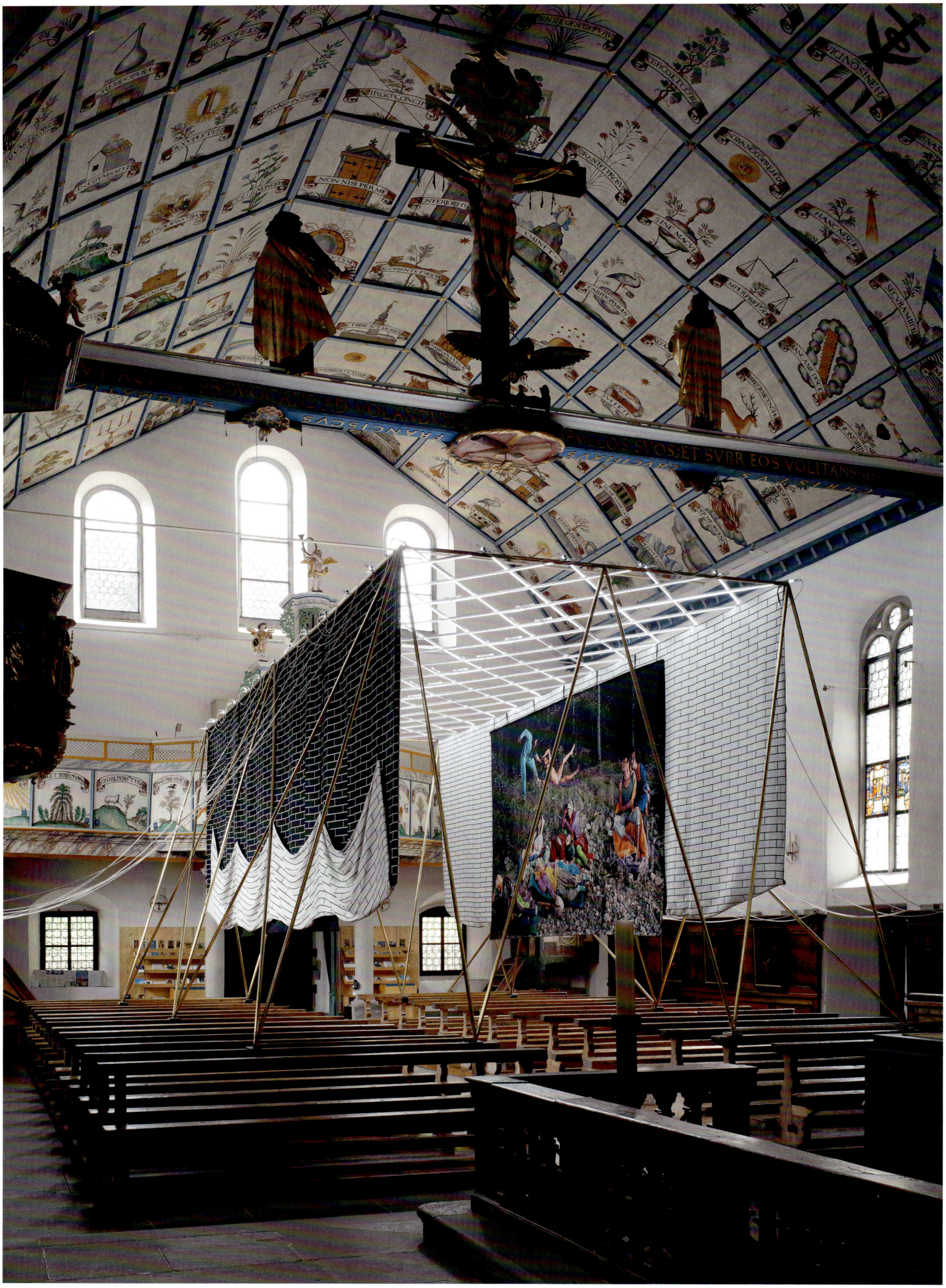
NON NISI PER ME

noch auf die Spitze, indem sie die (weiße) Innenseite der (schwarzen) Außenansicht ihres Zelts als improvisiert befestigten Saum punktweise an der Außenseite anheften [→ABB. 11]. Indem sie ihren »Backsteinbau« so gleichzeitig als »Migrantenzelt« kennzeichnen und der Kaaba von Mekka annähern, visieren sie sogar einen potenziell brisanten Mix der Religionen und Kulturen an – brisant zumal in einem Land, das noch vor Kurzem ein generelles Bauverbot für Minarette in der Verfassung verankerte [→ABB. 5].

Was die Idee betrifft, eine Backsteinmauer im Medium des Leinengewebes wiederzugeben, so mag man abermals an Venturi denken, der 1985 einen Vorschlag für den Neubau des Ponte dell'Accademia in Venedig einreichte. Dieser sah dekorative Fiberglaspaneele vor, die einer konventionellen Ingenieurskonstruktion vorgehängt werden und in massiver Vergrößerung frühmittelalterliche Kosmatenarbeiten zeigen sollten, ein Motiv, das an nicht wenigen venezianischen Hausfassaden abgewandelt zu finden ist (es braucht nicht betont zu werden, dass das Projekt keine Chance hatte, ausgeführt zu werden) [→ABB. 12]. Als Künstler nicht an das Diktat werkbündischer *Materialgerechtigkeit* gebunden, konnten Kathriner und Cascio ihrer Lust an den Möglichkeiten medialer Transfers ungehemmt freien Lauf lassen, mit – als Höhepunkt – den fotorealistischen Bildteppichen im Innern des Zelts, die von »einem CAM-gesteuerten Webstuhl in Flandern, der Stammlande der Gobelin-Tradition« (so Kathriner) gewoben sind. Mag das Nomadenzelt Sempers *Bekleidungstheorie* in die Moderne transferieren, so scheint es andererseits doch alle von Semper und den bei ihm anschließenden Theoretikern der Moderne gewollte Ethik des Umgangs mit Material und Technik radikal zu verwerfen. War es nicht Semper gewesen, der ausgezogen war, die Strategien der Mimikry und der Fälschung zu brandmarken, mit deren Hilfe die »Spekulation […] mit ihrem, von der Wissenschaft erborgten Mitteln« das Schwierigste und Mühsamste spielend erreicht:

»Der härteste Porphyr und Granit schneidet sich wie Kreide, poliert sich wie Wachs, das Elfenbein wird weichgemacht und in Formen gedrückt, Kautschuk und Guttapercha werden vulkanisiert und zu täuschenden Nachahmungen von Bildwerken in Holz, Metall und Stein benutzt, wobei der natürliche Bereich der fingierten Stoffe weit überschritten wird. Metall wird nicht mehr gegossen oder getrieben, sondern mit jüngst unbekannten Naturkräften auf galvano-plastischem Wege deponiert. […] Die Maschine näht, strickt, stickt, schnitzt, malt […] und schämt jegliche Geschicklichkeit.«

Die Kunstgewerbereform von William Morris bis zum Bauhaus schloss hier an, doch die Massenkultur der Moderne hat diese moralisierende Kritik industrieller Verfahren und ihrer kommerziellen und massenkulturellen Anwendungen links liegen lassen und ihre eigenen Fakten geschaffen. Und als Folge dieser Tatsache sieht sich die Kunst des 21. Jahrhunderts vor Herausforderungen gestellt, die sich das Bauhaus gar nicht erträumen konnte.

BIBEL UND LAIENSPIEL

Es mag an der Sache vorbeizielen, wenn man in Anbetracht des Geschehens, das auf den Bildteppichen festgehalten ist, beim Gedanken an Kriegsbilder hängenbleibt oder sogar, konkreter, an Edouard Castres' Bourbaki-Panorama in Luzern

Per quanto riguarda l'idea di riproporre un muro di mattoni nel medium del tessuto di lino, il pensiero torna ancora a Venturi, che nel 1985 presentò un progetto per la nuova costruzione del ponte dell'Accademia a Venezia. Il progetto prevedeva pannelli decorativi di fiberglass, appesi davanti ad una convenzionale costruzione ingegneristica, che mostravano enormi ingrandimenti «Pop» di opere cosmatesche altomedievali; un motivo che si trova, modificato, in non poche facciate di abitazioni veneziane (è superfluo sottolineare che il progetto non aveva alcuna possibilità di giungere a realizzazione) [→ABB. 12]. In qualità di artista non legato ai diktat sull' *uso proprio dei materiali*, Kathriner può sperimentare in piena libertà le possibilità dei transfer mediali. Quest'ultimi trovano il loro apice negli arazzi dal realismo fotografico appesi all'interno della tenda, realizzati con «un telaio CAM nelle Fiandre, la terra di origine della tradizione Gobelin» (come fa notare lo stesso Kathriner). Se la tenda nomade trasferisce nella modernità la *teoria del rivestimento* di Semper, allo stesso tempo però sembra rifiutare radicalmente l'intera etica di utilizzo di materiali e tecniche voluta da Semper e da tutti i teorici dell'era moderna che a lui fanno riferimento. Non era forse Semper che metteva all'indice le strategie della mimetizzazione e della falsificazione, con il cui aiuto la «speculazione […] con i suoi metodi presi a prestito dalla scienza», ottiene con irrisoria facilità quanto più è difficile e faticoso?

«Il porfido e il granito più duro si taglia come gesso, si lucida come cera, l'avorio viene ammorbidito e pressato in stampi, il caucciù e la guttaperca vengono vulcanizzati e utilizzati per imitare perfettamente legno, metallo e pietra, andando ampiamente oltre i naturali ambiti dei materiali imitati. Il metallo non viene più colato o sbalzato, ma grazie a forze naturali di recente scoperta si depone sulle superfici con metodi galvanoplastici […] La macchina cuce, lavora a maglia, ricama, incide, dipinge […] e mette in ombra qualunque abilità acquisita.»

È da questa posizione che prende spunto la riforma Arts and Crafts da William Morris fino al Bauhaus. Ma la cultura di massa dell'epoca moderna ha ignorato gran parte della critica moralizzante ai processi industriali e ai loro utilizzi volti a commercio e cultura di massa, per creare i suoi propri fatti. Ed è per questo che l'arte del XXI secolo si trova davanti a sfide che il Bauhaus non avrebbe mai potuto immaginare.

BIBBIA E TEATRO DEI MISTERI

Per quanto riguarda le storie rappresentate sugli arazzi il pensiero si orienta verso le immagini di guerra, o in maniera ancora più concreta si può pensare alle scene rappresentate sul panorama Bourbaki di Edouard Castres, a Lucerna (realizzato nel 1881). Persone in fuga, colte nel momento in cui si abbandonano alla stanchezza o che si svegliano dopo una dura notte accampati, all'addiaccio: sono profughi? Emigranti? Dimostranti? Pellegrini o turisti, il cui viaggio è stato stravolto dalle avversità [→FIG. 13]? – Kathriner non sarebbe il primo artista contemporaneo ad interessarsi all'epica rappresentazione di Castres dell'entrata di un'armata francese in Svizzera il primo febbraio 1871, e del realismo con cui è rappresentato il destino di questi soldati, giunti al limite delle loro forze e scampati per un soffio alla catastrofe. *Restoration*, l'opera di Jeff Wall realizzata nel 1993 a Lucerna, ha come oggetto il panorama Bourbaki,

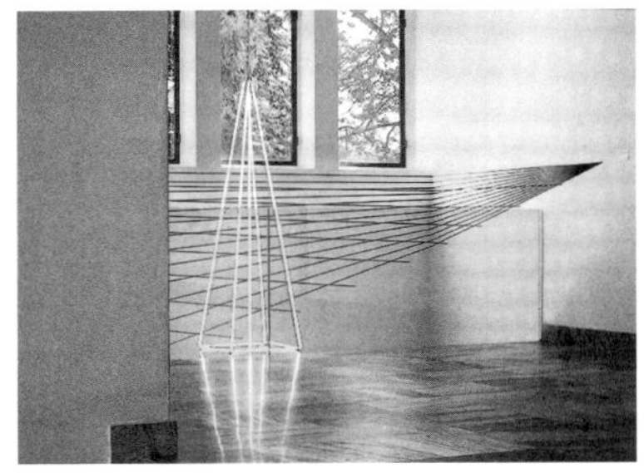

1

Davide Cascio

TABULA / OCTAEDRON

Neon / Wandmalerei, variable Dimensionen, 2005, Installationsansicht Halle der Biblioteca Cantonale di Lugano (Architekt: Rino Tami).

Neon / pittura murale, dimensioni variabili, 2005, vista dell'installazione sala della Biblioteca Cantonale di Lugano (Architetto: Rino Tami).

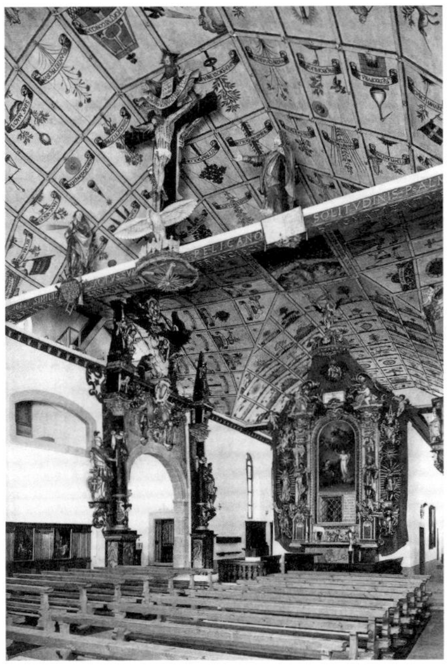

2

WALLFAHRTSKIRCHE HERGISWALD

Innenansicht mit Hauptaltar und Loretokapelle, 1651–1662 (nach *Schweiz. Kunstführer GSK*, 2000).

SANTUARIO DI HERGISWALD

Vista dell'interno con altare principale e cappella di Loreto, 1651–1662 (da *Schweiz. Kunstführer GSK*, 2000).

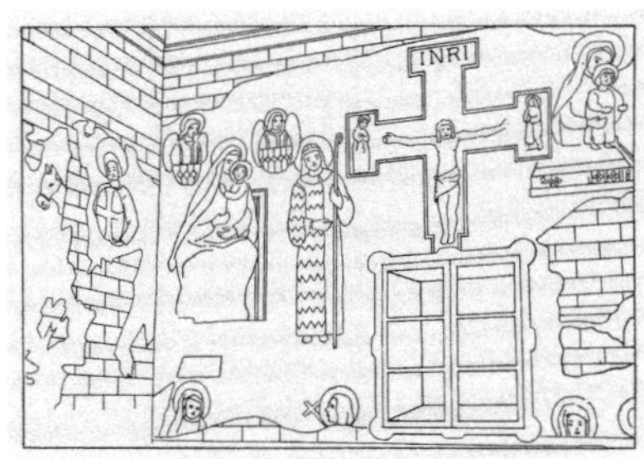

3

LORETOKAPELLE

Wallfahrtskirche Hergiswald, Wandbild der Altarwand, 17. Jh. (frei kopiert nach der »originalen« Santa Casa aus dem 11. Jh.), Nachzeichnung nach Xaver von Moos.

CAPPELLA DI LORETO

Santuario di Hergiswald, pittura murale sulla parete dell'altare, XVII secolo (liberamente copiata dall'«originale» Santa Casa del XI secolo), disegni da copie di Xaver von Moos.

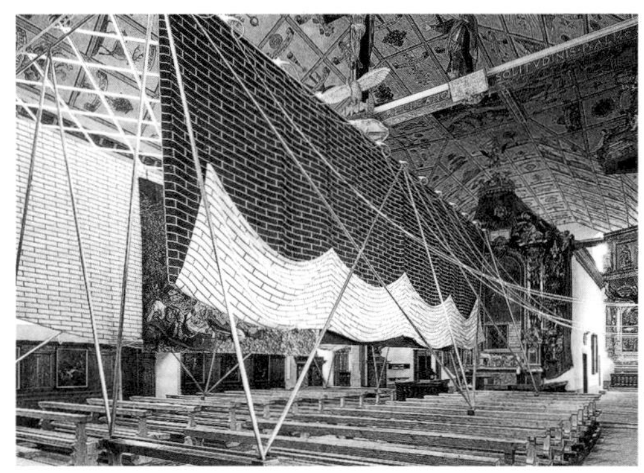

4

Davide Cascio
Christian Kathriner

TRANSPOSITION

Installationsansicht Wallfahrtskirche Hergiswald, 2009.

TRASPOSIZIONE

Vista dell'installazione Santuario di Hergiswald, 2009.

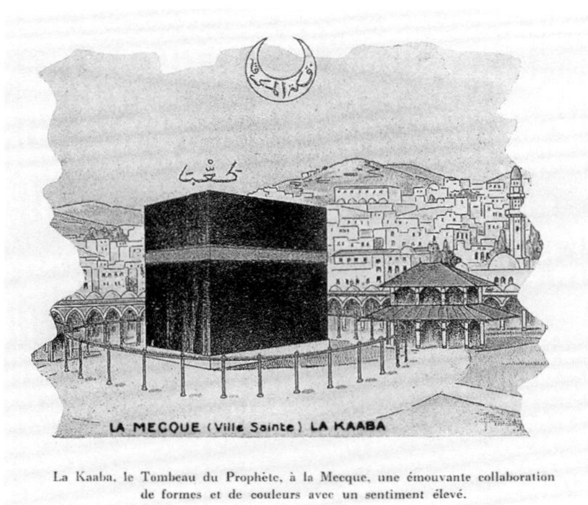

5

KAABA, MEKKA

nach Le Corbusier, *La Ville Radieuse*, 1935.

da Le Corbusier, *La Ville Radieuse*, 1935.

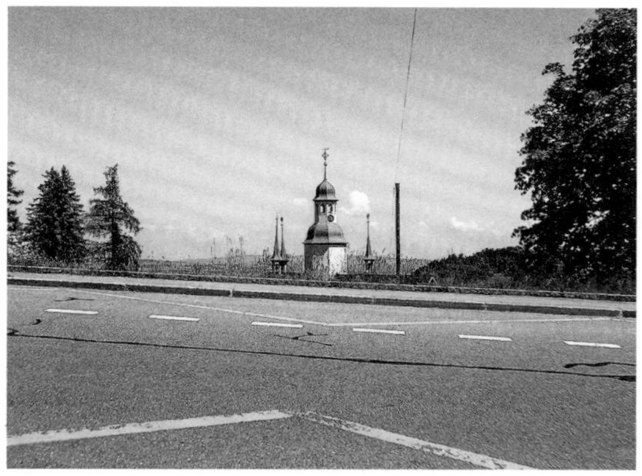

6

HERGISWALD

Titelbild für das Exposé für *Transposition*. Zu sehen ist die Fahrstraße ins Eigental und der Dachreiter der Wallfahrtskirche von Hergiswald.

Immagine di copertina della presentazione del progetto per *Trasposizione*. È visibile la strada che conduce a Eigental e la torretta campanaria del Santuario di Hergiswald.

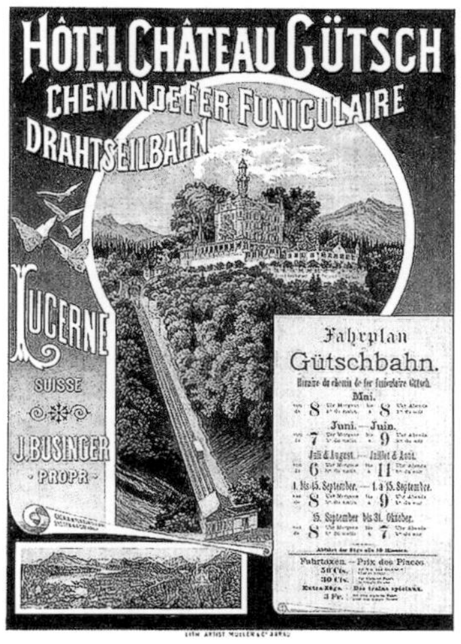

7

CHÂTEAU GÜTSCH

Hotelplakat (um 1900), Plakatsammlung des Museums für Gestaltung, Zürich.

Manifesto dell'hotel (1900 circa), Collezione di manifesti del Museum für Gestaltung, Zurigo.

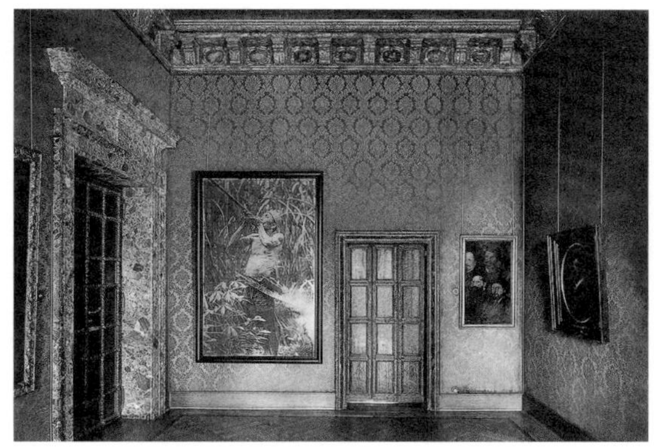

8

Gerhard Merz

MONDO CANE

Installationsansicht Lenbachhaus München, 1983.

Vista dell'installazione Lenbachhaus Monaco, 1983.

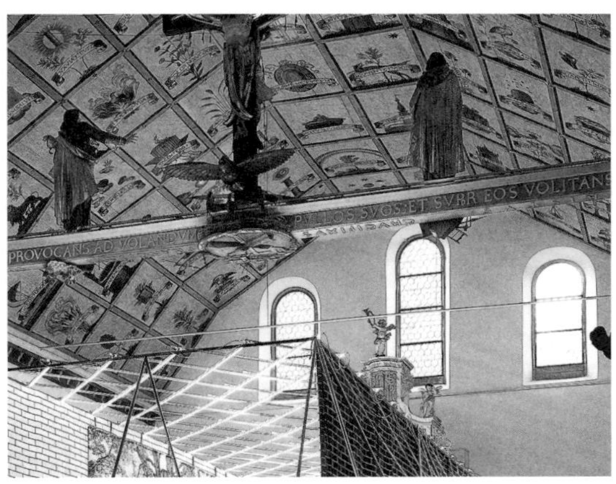

9

Davide Cascio
Christian Kathriner

TRANS-POSITION

Ansicht der Neondecke der Installation, deren Rautenmuster von jenem der Decke der Loretokapelle abgeleitet ist.

TRAS-POSIZIONE

Vista del soffitto al neon dell'installazione, il cui motivo a rombi si riallaccia a quello del soffitto nella cappella di Loreto.

denkt (gemalt 1881). Menschen auf der Flucht, von Müdigkeit übermannt oder beim Aufwachen nach unwirtlichem Nachtlager unter freiem Himmel: Sind es Flüchtlinge? Migranten? Demonstranten? Pilger oder Touristen, deren Reise durch Ungemach aus der geplanten Bahn geworfen wurde [→ ABB. 13]? Kathriner wäre nicht der erste Künstler der Gegenwart, der sich für Castres' epische Darstellung des Übertritts einer französischen Armee in die Schweiz, am 1. Februar 1871, interessiert und den Realismus, mit dem das Schicksal dieser völlig erschöpften und nur knapp der Katastrophe entronnenen Soldaten festgehalten ist. Jeff Walls 1993 in Luzern entstandene Arbeit *Restoration* hat denn auch das Bourbaki-Panorama zum Gegenstand, oder vielmehr die fiktive Vorwegnahme der tatsächlich erst drei Jahre später begonnenen Restaurierung – einen Vorgang, der seinem, Walls, Projekt der Aktualisierung künstlerischer Tradition im Medium des fotografischen Tableaus verwandt ist [→ ABB. 14].

Ähnlich wie einige Arbeiten von Wall zeigen die Arazzi von Hergiswald thematisch weitgehend im Unbestimmten belassene, von der landschaftlichen Situation und der Atmosphäre her charakterisierte Szenen. Auch von einer anderen auffallenden Eigenschaft dieser biblischen oder quasi-biblischen Tableaux muss die Rede sein: von der spezifischen Art ihrer Theatralik. Man sieht sich der Produktion eines Laientheaters gegenüber: Die Welt von Flucht, Migration oder Freizeit wird auf diesen großen Bildern aufgeführt, nicht eigentlich als Realität abgebildet. Man darf abermals an Wall denken, der in einem Gespräch mit Martin Schwander im Zusammenhang seiner eigenen, freilich weniger demonstrativen Form von »Theatralik« schilderte, er habe mit Vorliebe Menschen abgebildet, die gerade im Begriff seien, etwas zu erlernen, zum Beispiel das Spiel auf der Gitarre – und nicht solche, die diese Technik bereits beherrschen –, um so die Authentizität nicht des Musikspiels, sondern des Auftritts der Person, die dieses vorführt, zu wahren. Analog dazu sind auch auf den Hergiswalder Arazzi nicht zuallererst biblische Szenen abgebildet, sondern Menschen in Situationen, die die Erinnerung an Ereignisse des Neuen Testaments heraufbeschwören: die Kreuzabnahme oder die schlafenden Jünger zu Füßen des Ölbergs. Das Geschehen als solches wird bloß angedeutet: Real sind die Menschen, die es vorführen. Und die durch ihre im Bild vergegenwärtigte Präsenz den gemalten Settecento-Bildern des Kreuzwegs, die an den Seitenwänden der Kirche hängen wie ein unerlässlicher Kommentar, eine fast erschreckende Unmittelbarkeit mitteilen.

BAROCK UND POP IN UNTERWALDEN. EINIGE VORSTUFEN

Kathriners »Bibelbilder« kommen nicht von ungefähr. Ein Kentaurenkampf links, ein Erntebild mit Satyrn und Nymphen rechts, ein monumentales Diptychon im Atrium eines Gymnasiums in Sarnen – und dies mehr als 100 Jahre nach Böcklin und Bouguereau? Ich glaubte, meinen Augen nicht zu trauen, als ich die Bilder 2003 durch Zufall entdeckte. Figurenprogramm und Komposition knüpfen ohne Scham an barocke Altarbilder an, doch Farbigkeit und Technik der Materialisierung erzählen vom Schönheitskult der Produktwerbung von heute und von der Kombinatorik des Photoshop. Barock und Pop reichen sich munter die Hand, die klassische Mythologie

o meglio l'anticipazione della sua operazione di restauro, infine intrapresa tre anni dopo – un processo alquanto legato al progetto di Wall di attualizzazione della tradizione artistica nel medium del tableau fotografico [→ FIG. 14].

In modo analogo ad alcune opere di Wall, gli arazzi di Hergiswald mostrano scene che, mentre sono caratterizzate dal contesto paesaggistico e dell'atmosfera, sono invece lasciate volutamente vaghe dal punto di vista tematico. Eppure non va trascurata anche un'altra evidente caratteristica di questi tableau biblici, o semi-biblici, ovvero la loro specifica «teatralità». Lo spettatore si trova di fronte ad una produzione filodrammatica: anziché essere rappresentato in modo realistico, il mondo della fuga, della migrazione o del tempo libero viene messo in scena in queste immagini. Il pensiero torna a Wall, che in una conversazione con Martin Schwander descrive come nella sua propria forma di teatralità, certo meno dimostrativa, abbia preferito mostrare persone nell'atto di imparare qualcosa, ad esempio di suonare la chitarra, piuttosto che persone che già padroneggiano la tecnica, per garantire così l'autenticità non tanto della produzione musicale, quanto della persona che suona. Allo stesso modo gli arazzi di Hergiswald non mostrano in prima istanza scene bibliche, quanto piuttosto persone in situazioni che richiamano alla memoria eventi del Nuovo Testamento: la deposizione dalla Croce o i giovani dormienti ai piedi del Monte degli Ulivi. L'azione in sé è soltanto accennata, mentre le persone che la mettono in scena sono reali. E sono queste persone che con la loro presenza immedesimata nelle immagini comunicano con le tavole settecentesche della Via Crucis, appese alle pareti laterali della chiesa come un inevitabile commento, in un'immediatezza quasi sconcertante.

BAROCCO E POP A UNTERWALDEN. ALCUNI PRECEDENTI

Le «immagini bibliche» di Kathriner non sono un fenomeno estemporaneo. Una lotta di centauri a sinistra, un'immagine del raccolto con satiri e ninfe a destra – un dittico monumentale nell'atrio di un liceo di Sarnen, e questo oltre un secolo dopo Böcklin e Bouguereau? Non credevo ai miei occhi quando nel 2003 scoprii le immagini per caso. Il programma figurativo e la composizione si rifanno senza pudore alle pale d'altare di epoca barocca, ma il cromatismo e la tecnica della materializzazione narrano del culto della bellezza della pubblicità odierna e delle possibilità combinatorie di Photoshop. Il Barocco ed il Pop si tendono la mano, la mitologia classica festeggia la sua rinascita nel linguaggio dei dépliant turistici. Come attori non troviamo tuttavia modelle e atleti, ma persone normali di oggi. E tutto questo all'interno di un tempio dell'istruzione nella cattolica Svizzera centrale [→ FIGG. 15 / 16]!

Fra gli artisti della sua generazione bisogna cercare a lungo prima di trovare qualcuno che affronti in modo altrettanto privo di remore il dialogo con le grandi tematiche della mitologia classica. Le immagini di Sarnen sono precedute da nature morte con teschio e libro su tovaglia rossa davanti ad una tenda bianca, alla maniera di Zurbaràn, con mele nere, conchiglie, peperoni, spesso un giglio – anche qui nessun timore reverenziale per il nobile soggetto [→ FIG. 17]. E poi, come fosse un passaggio inevitabile, il Golgota. Un vero mistero della Pas-

feiert Urständ in der Sprache des Reiseprospekts. Als Akteure figurieren allerdings nicht nur Topmodels und Athleten, sondern gewöhnliche Menschen von heute. Und dies in einem Bildungstempel der katholischen Innerschweiz [→ABB. 15/16]!

Unter den Künstlern seiner Generation muss man weit suchen, bis man einen findet, der vergleichbar hemmungslos den Dialog mit den großen Themen der klassischen Mythologie aufnimmt. Den Sarner Bildern vorausgegangen waren Stillleben mit Totenkopf und Buch auf rotem Tischtuch und vor weißem Vorhang, Zurbarán-artig, mit schwarzen Äpfeln, Muscheln, Pfefferschoten, oftmals mit Lilienzweig – auch hier also keine Scheu vor dem hohen Sujet [→ABB. 17]. Dann, als ob nichts naheliegender wäre, Golgatha. Ein eigentliches Passionsspiel, großflächig inszeniert in buntfarbigen Stills von erschreckender Realistik, über die Wände eines großen Saals gebreitet wie eine riesige Tapete. Abermals barocke Kompositionen, schon damals wie von Laienspielern nachgestellt. Correggio und Oberammergau schienen sich auf halbem Weg zu begegnen. Im Dachboden darüber wurde gleichzeitig als integraler Bestandteil der Inszenierung eine surreale Retrospektive frommer Bilder Melchior Paul von Deschwandens gezeigt, des wohl bedeutendsten Innerschweizer Kirchenbildmalers des 19. Jahrhunderts (*Nunc Stans 1811–2004*, Nidwaldner Museum, Stans, 2004).

Predigt hier einer vollmundig die Rückkehr zum katholischen Volksglauben von vorgestern? Oder etwa ganz im Gegenteil den Aufstand gegen den schmallippigen Konformismus und den guten Geschmack in der kirchlichen Kunst seit 1950? Oder ist das religiöse Sujet vor allem die Plattform für einen Diskurs, der weniger die Religion als die Kunst und die Rolle des Künstlers in der Bilderwelt von heute anbelangt? Ähnliche Fragen stellten sich (und stellen sich weiterhin) in Anbetracht der Ausstellung von Jeff Koons im königlichen Schloss von Versailles (2008) – vielleicht der sensationellsten Direktkoppelung von *High* und *Low* im jüngeren europäischen Kunstbetrieb [→ABB. 18]. Versailles, der europäische Archetypus absolutistischer Hofkunst, fordert Koons dazu heraus, seine eigene Arbeit und das System, das sie generiert, in einer Festinstallation *sui generis* zu spiegeln. Die Dramatik, mit der diese zugleich die Kontinuität und den Bruch mit dem prächtigen Gestern offenlegte, wurde zum Marketingerfolg für die Versailler Schlossverwaltung und manchen zum Schlüsselerlebnis. Kathriner und Cascio versuchten Analoges an einem vergleichsweise bescheidenen Objekt, einer ländlichen Wallfahrtskirche. Sie arbeiten mit vertrauten, in einer uralten Tradition frommer Didaktik verwurzelten Bildthemen. Sie verzichten auf den brillanten Schmelz der ins Kolossale vergrößerten Devotionalie von vorgestern. In ihrer Zurückhaltung ist die gewählte Form der Funktion und dem Charakter des Ortes angemessen – handelt es sich doch um eine Kirche.

*

Ein konkreter Zusammenhang der beiden Situationen Versailles und Hergiswald lässt sich an den Werken selbst nicht ablesen. Hier hat die mündliche Überlieferung das Wort. Sie berichtet, dass die massive Vergrößerung der Wallfahrtskirche im 17. Jahrhundert dem französischen Hof geschuldet ist, genauer König Louis XIII. Dieser, vertreten durch seine Ambassadoren in Solothurn, soll das Gotteshaus aus Dankbarkeit für die langersehnte Geburt des Sohnes gestiftet haben: des Sohnes,

sione, messo in scena su grande scala con istantanee dai colori vivaci e da un realismo spietato, dispiegate sulle pareti di un'ampia sala come fossero un'enorme carta da parati (*Nunc Stans 1811–2004*, Nidwaldner Museum, Stans, 2004).

Anche qui si tratta di composizioni barocche, come se già allora fossero messe in scena da attori amatoriali. Correggio e Oberammergau paiono incontrarsi a metà strada. Contemporaneamente nel sottotetto, parte integrante della messa in scena, viene esposta una surreale retrospettiva di immagini di devozione di Melchior Paul von Deschwanden, il più importante pittore ottocentesco d'arte sacra nella Svizzera centrale. Cosa dire del ritorno ad un cattolicesimo dalle credenze popolari che apparentemente viene promosso da quest'arte? O della ribellione contro il conformismo e il buon gusto dell'arte religiosa diventato de rigeur dopo gli anni Cinquanta del '900? Forse il soggetto religioso non è neanche al centro del progetto; piuttosto funge da piattaforma per un discorso che riguarda non tanto la religione, quanto il ruolo dell'artista nell'odierna cultura visuale. Interrogativi simili a quelli che ci si ponevano (e ci si pongono ancora) davanti all'esposizione di Jeff Koons nella reggia di Versailles del 2008, forse l'accostamento più audace di *High* e *Low* nel recente panorama artistico europeo [→FIG. 18]. Versailles, l'archetipo europeo dell'arte di corte assolutista, sfida Koons a riflettere sulla propria opera e sul sistema che l'ha generata in una installazione celebrativa *sui generis*. Il dramma con cui l'installazione espone sia la continuità sia la cesura con la magnificenza del passato divenne un successo di marketing per l'amministrazione della reggia di Versailles – e per alcuni un'esperienza unica. Kathriner e Cascio compiono un tentativo analogo, anche se in un edificio modesto se paragonato a Versailles. Operano con temi iconografici ben noti, radicati nell'antica tradizione della didattica religiosa. Rinunciano però allo smalto di devozionali ottocenteschi dilatati su scala colossale come li ha celebrati Koons. In questa misura, la forma dell'intervento si addice alla funzione e al carattere del luogo, appunto una chiesa.

*

Dalle opere stesse non risulta nessun legame concreto fra Versailles e Hergiswald. Qui è la testimonianza orale ad essere decisiva: si narra infatti che l'ampio ingrandimento del santuario, avvenuto nel XVII secolo, sia da ascrivere alla corte francese, e in particolare al re Luigi XIII. Questi, attraverso i suoi rappresentanti, gli ambasciatori a Soletta (Solothurn), avrebbe finanziato la chiesa in gratitudine per la nascita a lungo desiderata del figlio maschio; il figlio che in seguito avrebbe costruito la reggia di Versailles. La teoria può apparire azzardata, ma è certo comprensibile l'entusiasmo a proposito dei due artisti, Kathriner e Cascio. Se l'opera stessa mina i confini fra vecchio e nuovo, sacro e profano, Svizzera centrale e Roma, *High* e *Low*, appare logico che ciò avvenga in un luogo in cui centro e periferia vengono a coincidere.

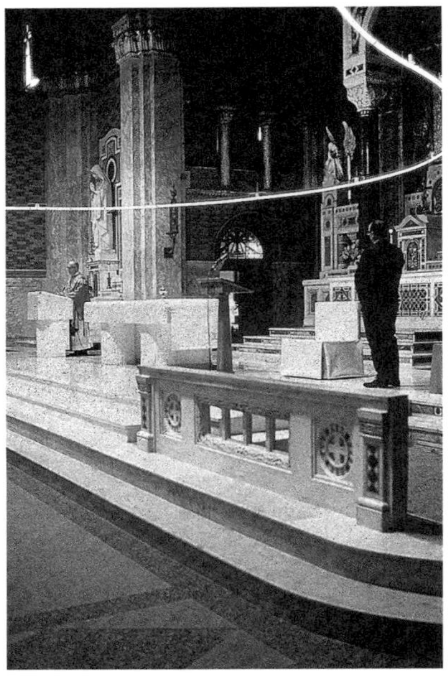

10

Robert Venturi

KIRCHE SAINT FRANCES DE SALES

Neugestaltung des Chorbezirks, Philadelphia, PA, 1968–1970.

CHIESA DI FRANCESCO DI SALES

Sistemazione del coro, Filadelfia, PA, 1968–1970.

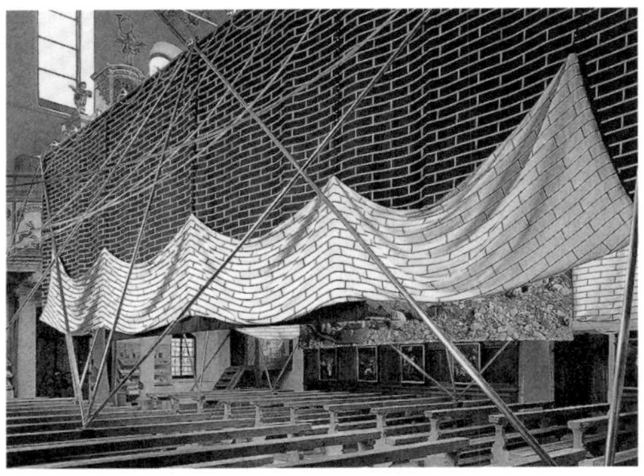

11

Davide Cascio
Christian Kathriner

TRANS-POSITION

Außenansicht des »Nomadenzelts« mit gewobener Backsteinimitation.

TRAS-POSIZIONE

Vista esterna della «tenda nomade» con imitazione dei mattoni in tessuto.

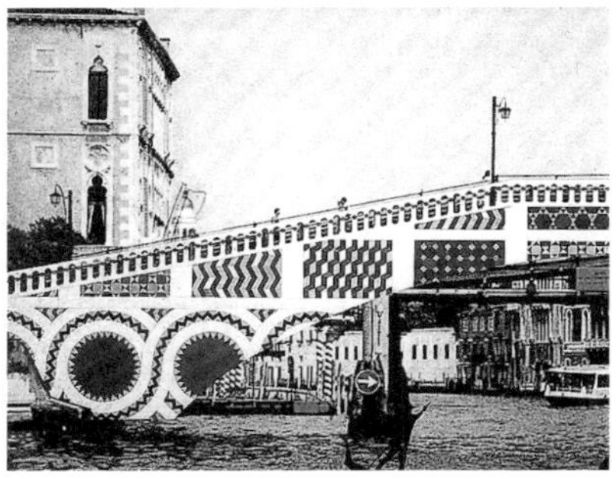

12

Venturi & Rauch

PONTE DELL'ACCADEMIA

Wettbewerbsprojekt für eine neue Brücke über den Canal Grande, Venedig, 1984.

Progetto in concorso per la costruzione di un nuovo ponte sul Canal Grande, Venezia, 1984.

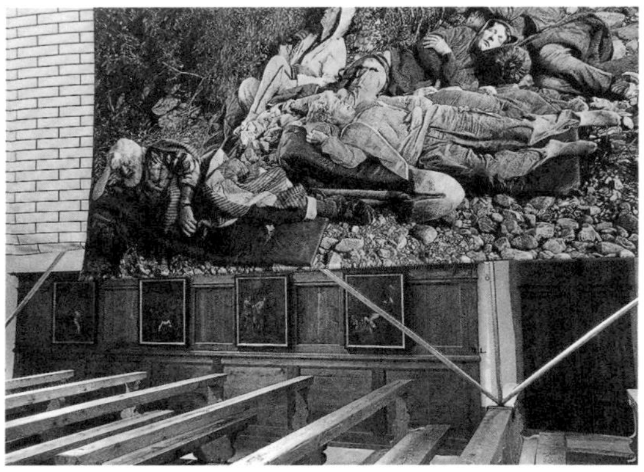

13

Christian Kathriner

DIE SCHLAFENDEN

Detail und Installationsansicht, CAM-Tapisserie, ~ 300 × 500 cm, 2009.

I DORMIENTI

Dettaglio e vista dell'installazione, arazzo CAM, ~ 300 × 500 cm, 2009.

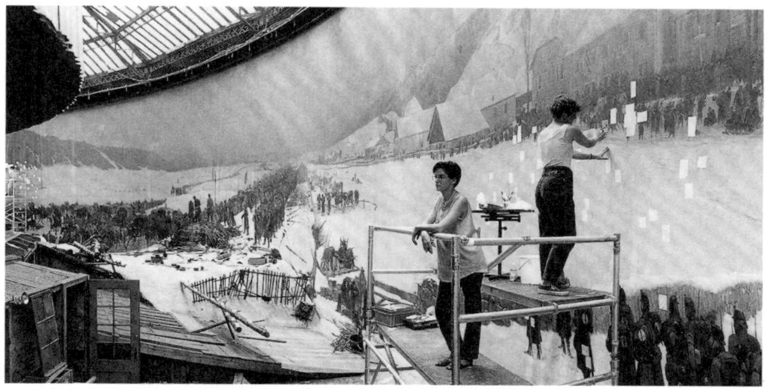

14

Jeff Wall

RESTORATION

Großbilddia in Leuchtkasten, 119 × 489,5 × 21,8 cm, Detail, 1993. Dargestellt ist ein Moment in einer fiktiven Restaurierung des Bourbaki-Panoramas in Luzern.

Dia retroilluminata con light box, 119 × 489,5 × 21,8 cm, dettaglio, 1993. È rappresentato un momento di un restauro fittivo del panorama Bourbaki a Lucerna.

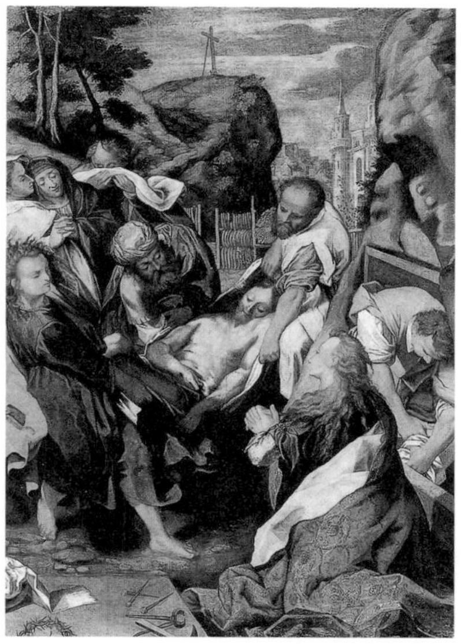

16

Federico Barocci

GRABLEGUNG CHRISTI

(Kopie nach), Tempera und Öl auf Holz, 163 × 126 cm, Wallfahrtskirche Hergiswald, 17. Jh.

SEPOLTURA DI CRISTO

(Copia da), Tempera e olio su legno, 163 × 126 cm, Santuario di Hergiswald, XVII secolo.

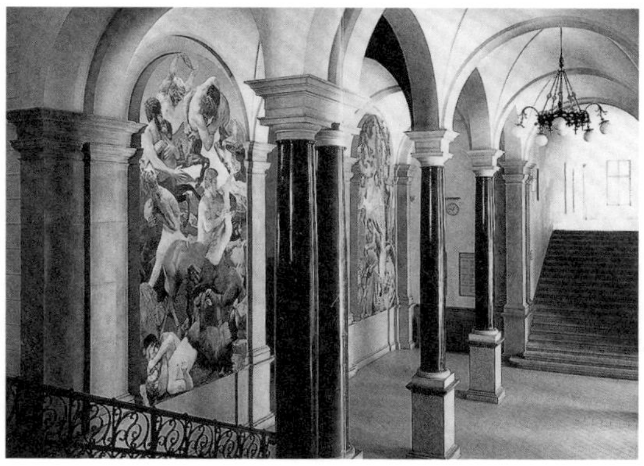

15

Christian Kathriner

KENTAUREN-KAMPF / ERNTE

Inkjet-Print auf Vinyl, je 505 × 202 cm, 2000–2002, Installationsansicht, Atrium des Gymnasiums Sarnen, Innerschweiz.

LOTTA DEI CENTAURI / RACCOLTO

Getto di inchiostro su vinile, 505 × 202 cm ciascuno, 2000–2002, nell'atrio del liceo di Sarnen, Svizzera centrale.

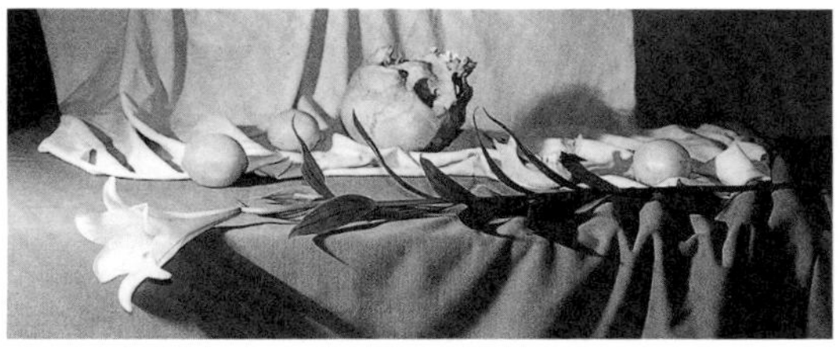

17

Christian Kathriner

NATURE MORTE VII

Tempera und Öl auf Holz, 37,5 × 99 × 10 cm, 1999–2000.

Tempera e olio su legno, 37,5 × 99 × 10 cm, 1999–2000.

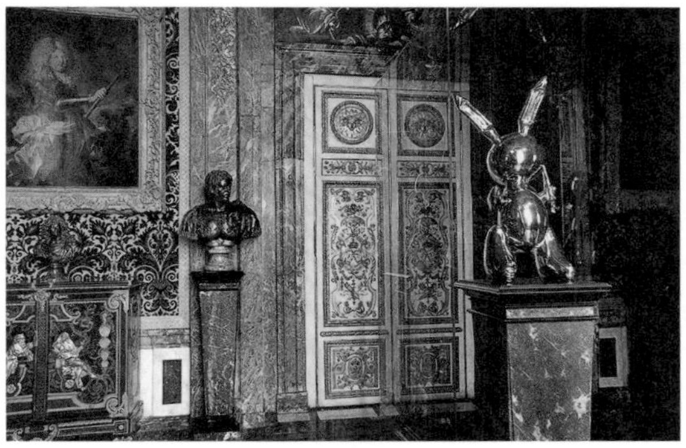

18

Jeff Koons

RABBIT

Installationsansicht *Jeff Koons Versailles*, Salon de l'Abondance, Château de Versailles, 2008.

Vista dell'installazione *Jeff Koons Versailles*, Salon de l'Abondance, Château de Versailles, 2008.

der später Versailles erbauen wird. Mag diese Theorie gewagt erscheinen, so kann man das diesbezügliche Entzücken der beiden Künstler Kathriner und Cascio doch nachvollziehen. Wenn schon das Werk selbst die Grenzen von Alt und Neu, Sakral und Profan, Innerschweiz und Rom, *High* und *Low* ins Wanken bringt, ist es nur logisch, dass es an einem Ort geschieht, wo Zentrum und Peripherie zusammenfallen.

BIBLIOGRAFISCHE HINWEISE

- Bitterli, Dieter, *Die Wallfahrtskirche Unserer Lieben Frau in Hergiswald*, Bern: Gesellschaft für Schweizerische Kunstgeschichte (GSK), 2000.
- Brock, Bazon, *Mondo Cane. Neun Bilder von Gerhard Merz*, Ausstellungskatalog, München: Galerie Tanit, 1983.
- Brüderlin, Markus (Hrsg.), *ArchiSkulptur*, Ausstellungskatalog, Riehen / Basel: Fondation Beyeler; Ostfildern: Hatje Cantz, 2004.
- Campbell, James D., *Mnemosyne or the Art of Memory: Gerhard Merz*, Ausstellungskatalog, Toronto: The Art Gallery of Ontario, 1988.
- Celant, Germano, »La scultura, un'architettura non abitabile«, in: Gregotti, Vittorio (Hrsg.), *Rassegna, Minimal Art & Architecture*, Nr. 36, Bologna: C.I.P.I.A., 1988, S. 16–27.
- Felix, Zdenek (Hrsg.), *Gerhard Merz. Dove sta memoria*, Ausstellungskatalog, München: Kunstverein München, 1986.
- Fried, Michael, »Art and Objecthood«, in: Battcock, Gregory (Hrsg.), *Minimal Art*, Berkeley / Los Angeles / London: University of California Press, 1995, S. 116–47.
- Fried, Michael, *Why Photography Matters as Art as Never Before*, New Haven / London: Yale University Press, 2008.
- Gisler, Thomas / Holzhey, Magdalena, *Christian Kathriner*, Obwaldner Künstlerhefte 2, Sarnen / St. Gallen: Vexer Verlag, 2002.
- Groys, Boris, »Conversation (Interview mit Jeff Wall)«, in: *Jeff Wall. The Complete Edition*, London: Phaidon, 2009, S. 98–104.
- Moos, Stanislaus von, *Venturi, Rauch & Scott Brown. Buildings and Projects*, Fribourg: Office du Livre; New York: Rizzoli, 1987.
- Moos, Stanislaus von, *Industrieästhetik*, Disentis: Desertina, 1992.
- Moos, Xaver von, *Die Kunstdenkmäler des Kantons Luzern*, Basel: Birkhäuser, 1946.
- Pevsner, Nikolaus, *Pioneers of Modern Design. From William Morris to Walter Gropius*, Harmondsworth: Penguin Books, 1960.
- Rübel, Dietmar / Wagner, Monika / Wolff, Vera (Hrsg.), *Materialästhetik. Quellentexte zu Kunst, Design und Architektur*, Hamburg: Dietrich Reimer Verlag, 2005.
- Ruskin, John, *The Seven Lamps of Architecture*, New York: Farrar, Straus & Giroux, 1974 (Erstausgabe 1848).
- Semper, Gottfried, *Der Stil in den technischen und tektonischen Künsten; oder, Praktische Aesthetik*, Frankfurt a. M.: Verlag für Kunst und Wissenschaft, 1860.
- Semper, Gottfried, *Wissenschaft, Industrie und Kunst*, Mainz / Berlin: Florian Kupferberg, 1966 (Erstausgabe 1852).
- Venturi, Robert / Scott Brown, Denise / Izenour, Steven, *Learning from Las Vegas*, Cambridge, MA: MIT Press, 1972.
- Wagner, Monika, *Das Material der Kunst. Eine andere Geschichte der Moderne*, München: C.H. Beck, 2001.
- Wall, Jeff / Schwander, Martin (Hrsg.), »Ich bin nicht unbedingt an unterschiedlichen Bildthemen interessiert, wohl aber an unterschiedlichen Bildtypen. Jeff Wall und Martin Schwander im Gespräch«, in: *Jeff Wall. Restoration*, Ausstellungskatalog, Luzern: Kunstmuseum Luzern; Düsseldorf: Kunsthalle Düsseldorf, 1994.
- Wyss, Beat, *Vom Bild zum Kunstsystem*, Köln: Verlag der Buchhandlung Walther König, 2006.

INDICAZIONI BIBLIOGRAFICHE

- Bitterli, Dieter, *Die Wallfahrtskirche Unserer Lieben Frau in Hergiswald*, Berna: Gesellschaft für Schweizerische Kunstgeschichte (GSK), 2000.
- Brock, Bazon, *Mondo Cane. Neun Bilder von Gerhard Merz*, catalogo dell'esposizione, Monaco: Galerie Tanit, 1983.
- Brüderlin, Markus (a cura di), *ArchiSkulptur*, catalogo dell'esposizione, Riehen / Basilea: Fondation Beyeler; Ostfildern: Hatje Cantz, 2004.
- Campbell, James D., *Mnemosyne or the Art of Memory: Gerhard Merz*, catalogo dell'esposizione, Toronto: The Art Gallery of Ontario, 1988.
- Celant, Germano, «La scultura, un'architettura non abitabile», in: Gregotti, Vittorio (a cura di), *Rassegna, Minimal Art & Architecture*, n. 36, Bologna: C.I.P.I.A., 1988, pp. 16–27.
- Felix, Zdenek (a cura di), *Gerhard Merz. Dove sta memori*, catalogo dell'esposizione, Monaco: Kunstverein München, 1986.
- Fried, Michael, «Art and Objecthood», in: Battcock, Gregory (a cura di), *Minimal Art*, Berkeley / Los Angeles / Londra: University of California Press, 1995, pp. 116–47.
- Fried, Michael, *Why Photography Matters as Art as Never Before*, New Haven / Londra: Yale University Press, 2008.
- Gisler, Thomas / Holzhey, Magdalena, *Christian Kathriner*, Obwaldner Künstlerhefte 2, Sarnen / St. Gallen: Vexer Verlag, 2002.
- Groys, Boris, «Conversation (intervista a Jeff Wall)», in: *Jeff Wall. The Complete Edition*, Londra: Phaidon, 2009, pp. 98–104.
- Moos, Stanislaus von, *Venturi, Rauch & Scott Brown. Buildings and Projects*, Friburgo: Office du Livre; New York: Rizzoli, 1987.
- Moos, Stanislaus von, *Industrieästhetik*, Disentis (Desertina), 1992.
- Moos, Xaver von, *Die Kunstdenkmäler des Kantons Luzern*, Basilea: Birkhäuser, 1946.
- Pevsner, Nikolaus, *Pioneers of Modern Design. From William Morris to Walter Gropius*, Harmondsworth: Penguin Books, 1960.
- Rübel, Dietmar / Wagner, Monika / Wolff, Vera (a cura di), *Materialästhetik. Quellentexte zu Kunst, Design und Architektur*, Amburgo: Dietrich Reimer Verlag, 2005.
- Ruskin, John, *The Seven Lamps of Architecture*, New York: Farrar, Straus & Giroux, 1974 (prima ed. 1848).
- Semper, Gottfried, *Der Stil in den technischen und tektonischen Künsten; oder, Praktische Aesthetik*, Francoforte s. M.: Verlag für Kunst und Wissenschaft, 1860.
- Semper, Gottfried, *Wissenschaft, Industrie und Kunst*, Mainz / Berlino: Florian Kupferberg, 1966 (prima ed. 1852).
- Venturi, Robert / Scott Brown, Denise / Izenour, Steven, *Learning from Las Vegas*, Cambridge, MA: MIT Press, 1972.
- Wagner, Monika, *Das Material der Kunst. Eine andere Geschichte der Moderne*, Monaco: C.H. Beck, 2001.
- Wall, Jeff / Schwander, Martin (a cura di), «Ich bin nicht unbedingt an unterschiedlichen Bildthemen interessiert, wohl aber an unterschiedlichen Bildtypen. Jeff Wall und Martin Schwander im Gespräch», in: *Jeff Wall. Restoration*, catalogo dell'esposizione, Lucerna: Kunstmuseum Luzern; Düsseldorf: Kunsthalle Düsseldorf, 1994.
- Wyss, Beat, *Vom Bild zum Kunstsystem*, Colonia: Verlag der Buchhandlung Walther König, 2006.

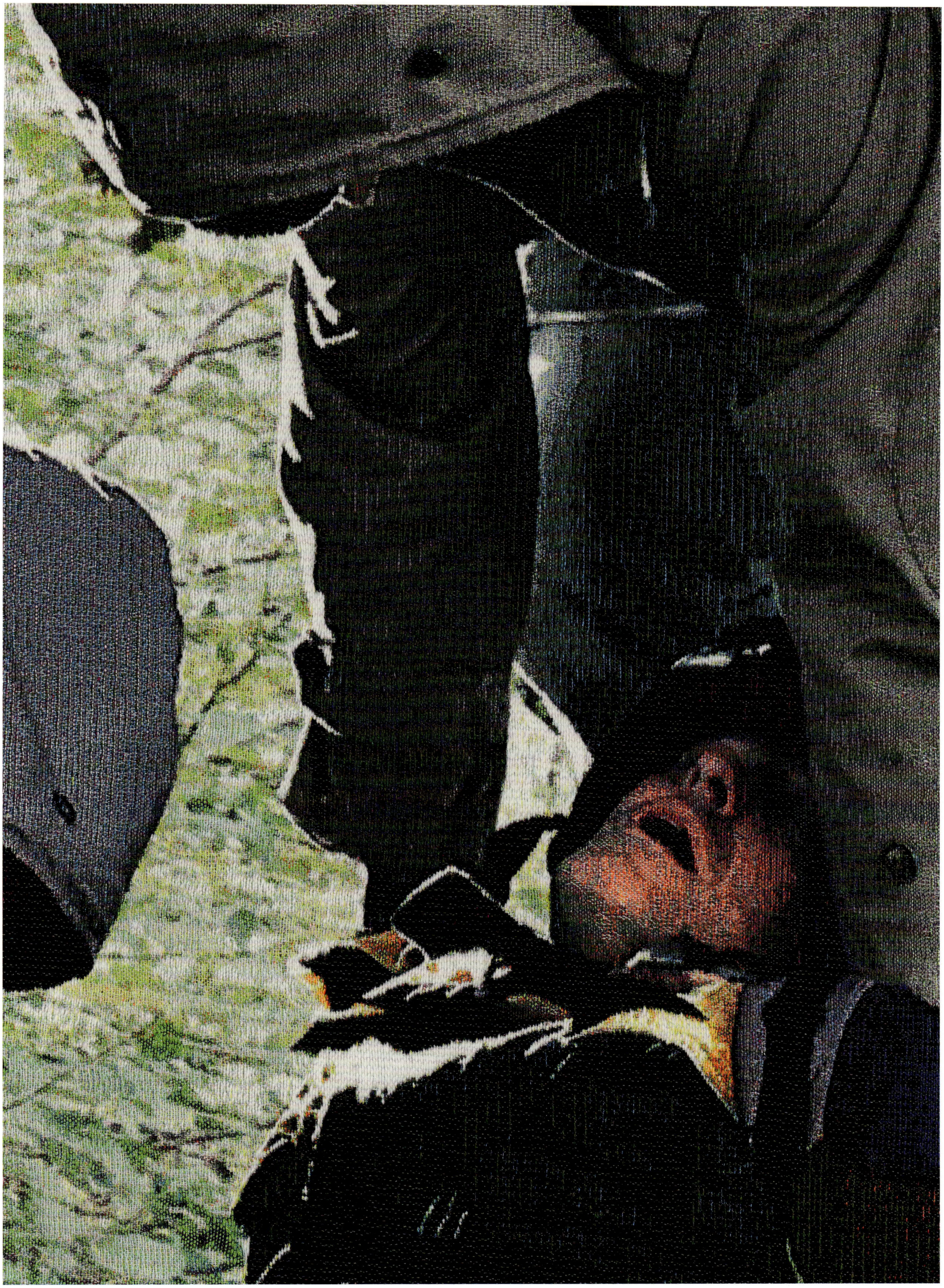

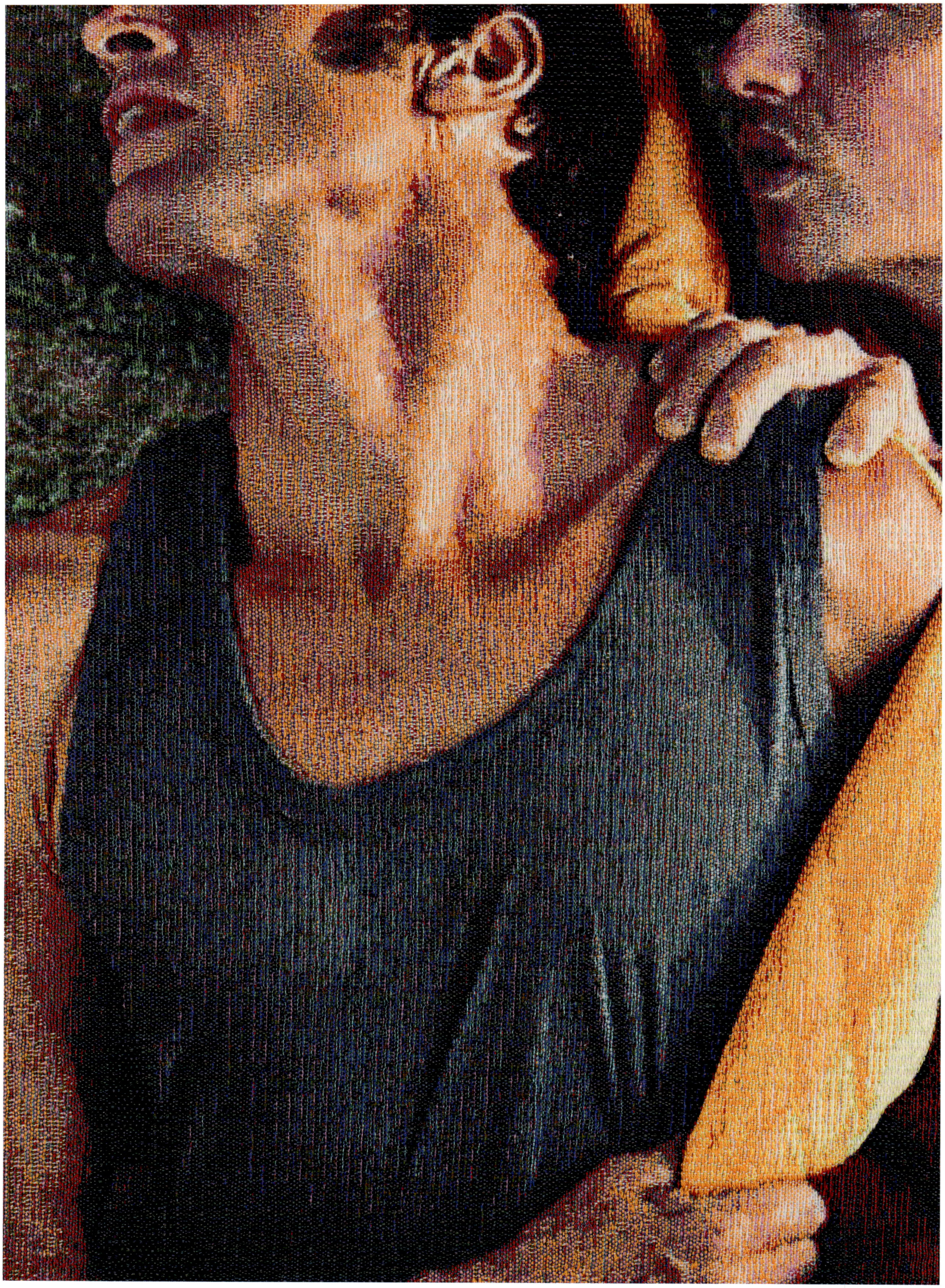

21

Jörg H. Gleiter

UMGEKEHRTE EKSTASE

DIE HERGISWALDER TAPISSERIEN VON CHRISTIAN KATHRINER

Die Tapisserien von Christian Kathriner machen die Sache mit den Bildern nicht einfach. Je länger man vor ihnen verweilt, desto mehr unterminieren sie unseren Bilderglauben. Wenn gilt, dass jede Idee einer unmerklichen Verletzung des Geistes entspringt, so kehren die Wandteppiche dieses um. Erst mobilisieren sie unsere Bildfantasie, sie elektrisieren uns und kommen uns dabei nahe – so nahe, dass sie ihre Unschuld verlieren und als Bilder im eigentlichen Sinne aufhören zu existieren. Am Ende stehen wir vor lauter unerlaubten Zeichen. Was uns erst in Verzückung versetzt, lässt uns erstarren und stürzt uns in die umgekehrte Ekstase des verletzten Geistes.

VERKÜNDIGUNG

Die Tapisserien begründen eine eigene Kategorie des Bildes, je weniger Bild sie im herkömmlichen Sinne sind. Antibilder sind sie deswegen nicht, selbst dann, wenn wir uns bewusst werden, dass sie ihre besondere Wirkung der Verschränkung unterschiedlicher Bildtechniken wie der Szenografie und der Fotografie, der digitalen Bildbearbeitung und der Technik der Bildteppiche verdanken. Wie alle Bilder zielen sie auf unser kollektives Bildgedächtnis, wobei es hier besonders die Bilder der christlichen Ikonografie mit ihren vorgeprägten Ausdruckswerten sind, die sich uns aus unserer Kindheit, aus der Kunstgeschichte und den Votiv- und Heiligenbildern in den untersten Schichten unseres Bildgedächtnisses eingeschrieben haben. So glauben wir schon im ersten Moment alles zu kennen. Mit dem Wald als Hintergrund und Bühne, mit den mit Windjacken, Anoraks und Turnschuhen bekleideten Figuren sind wir uns sicher, dass wir einer Aktualisierung der Passionsgeschichte in der Jetztzeit gegenüberstehen.

ESTASI INVERSA

GLI ARAZZI DI HERGISWALD DI CHRISTIAN KATHRINER

Gli arazzi di Christian Kathriner rendono complessa la questione delle immagini: più a lungo ci si sofferma ad osservarli, più minano le nostre convinzioni. Se è vero che, di regola, ogni idea scaturisce da un'impercettibile violazione dello spirito, questi arazzi capovolgono tale concetto. Dapprima mettono in moto la nostra fantasia, ci elettrizzano e si avvicinano a noi, tanto da perdere la loro innocenza e cessare d'esistere nella loro essenza d'immagine, e alla fine ci troviamo di fronte ad una serie di segni non autorizzati: ciò che in un primo tempo ci rapisce, ci fa quindi ammutolire e piombare nell'estasi inversa dello spirito violato.

ANNUNCIAZIONE

Questi arazzi danno vita ad una categoria propria d'immagini, tanto poco essi sono immagine nel senso tradizionale del termine. Ciò nonostante non sono anti-immagini, nemmeno nel momento in cui ci rendiamo conto che devono il loro particolare effetto alla combinazione di differenti tecniche, come scenografia e fotografia, elaborazione digitale e realizzazione di arazzi. Come tutte le immagini, mirano alla nostra memoria figurativa collettiva: in particolare, sono le rappresentazioni dell'iconografia cristiana, attraverso i loro valori espressivi predeterminati, ad iscriversi negli strati più profondi della nostra memoria, sin dall'infanzia, nella storia dell'arte e nelle immagini votive e sacre. Così, già alla prima impressione, crediamo di riconoscere ogni cosa: con il bosco che fa da sfondo e palcoscenico, animato da figure in giacca a vento, parka e scarpe da ginnastica, siamo certi di trovarci di fronte ad una versione della Passione ambientata in epoca moderna.

I gesti estatico-passionali delle persone raffigurate nelle immagini, da un lato, e le loro fisionomie beatamente estra-

Die ekstatisch-leidenschaftlichen Gebärden der Personen in den Bildern einerseits, ihre selig entrückten Physiognomien andererseits sprechen uns vom Geheimnis der Verkündigung. Daran scheint umso weniger Zweifel zu bestehen, als die Hergiswalder Wallfahrtskirche in ihrer Widmung ein Loretoheiligtum ist, in deren Mitte ein Nachbau der Santa Casa in Nazareth steht, also jenes Hauses, in dem der Erzengel Gabriel Maria die Geburt Jesu verkündet haben soll. Verkündigung ist auch das Thema der zeltartigen Installation als Ganzes. Einen Hinweis darauf gibt jenes irritierende, diagonale Raster aus weißen Leuchtstoffröhren, das den oberen Abschluss der Zeltstruktur bildet. Es erinnert uns einerseits an die Neonheiligenscheine der Madonnen- und Heiligenfiguren, die wir vor allem aus den Kirchen mediterraner Länder kennen. Andererseits nimmt die Rasterstruktur direkt ein Motiv der Santa Casa, nämlich das diagonale Gitter des Engelsfensters auf, durch das der Erzengel Gabriel zu Maria gekommen sein soll. Als zentrales Motiv wird es im Altar der Santa Casa mehrmals wiederholt, als Himmelsmotiv und damit als übergeordnete Metapher der Empfänglichkeit der Menschen für den heiligen Geist erscheint es in der Kassettendecke der Kirche wie auch im Gewölbe der Santa Casa.

Was Maria damals verkündet wurde, das wissen wir. Was aber, so fragen wir, wollen uns die zwei Tapisserien verkünden? Auch im Wissen darum, dass jede Verkündigung, umso mehr jede göttliche Verkündigung immer eine Einwilligung in das Verkündete verlangt, ja voraussetzt. Niemand kann sich dem göttlichen Willen verschließen, es kann kein Nein geben, wie uns schon die Einwilligung Marias in die Empfängnis zeigt. Die Frage ist nur, in was wir hier einwilligen? Oder anders, in welche Komplizenschaft will uns der Künstler hineinziehen?

REALE UND IRREALE DINGE

Ein gewisser Argwohn ist angebracht, zumal die Bilder nicht dem folgen, was die Kunsttheorie herkömmlich als den »Rätselcharakter der Kunst« bezeichnet. Das heißt, dass die Werke ihre Botschaft im Bild verbergen und in aller Sichtbarkeit gut verstecken. Mit der Technik der Dissimulation verschließen sie diese erst vor dem Betrachter, locken aber gleichzeitig mit Hinweisen und Zeichen zu ihrer Entschlüsselung. Das ästhetische Vergnügen der Kunstbetrachtung, so die Kunsttheorie, besteht darin, die Botschaft nach und nach zu enträtseln. Wobei stillschweigend Einigkeit darüber vorausgesetzt wird, dass Bilder immer eine Botschaft haben, ohne die sie nicht Bilder wären, sondern Illustrationen, ja dass sie eine Botschaft haben müssen, die sich in Worte übertragen lässt.

Die Tapisserien dagegen halten uns diese Botschaft vor. Sie lassen uns das Letzte nicht denken, sie verschließen sich der abschließenden Identifikation der Zeichen und irritieren uns nachhaltig. Dieses umso mehr als der Verwirrung erst eine Phase weitgehender Identifikation vorausgeht. Erst glauben wir alles zu kennen, alles kommt uns bekannt vor, bevor sich dann mehr und mehr der Sinn verschleiert, bevor sich Zeichen und Bedeutung, Signifikant und Signifikat, sinnlich wahrnehmbare Figur und Begriff sich trennen und die Formen als reine Form ohne Inhalt übrigbleiben. *Aliquid stat pro aliquo*, ein Zeichen ist etwas, das für ein anderes Etwas steht. So hatte das Augustinus schon im 3. Jahrhundert definiert, wobei die Zeichen in der Regel auf ein abwesendes Etwas verweisen, das sowohl ein reales Ding wie auch eine transzendente Idee sein

niate, dall'altro, ci raccontano il mistero dell'Annunciazione. Su quest'aspetto non sembrano esserci dubbi, tanto più che il santuario di Hergiswald è dedicato alla Madonna di Loreto e al suo centro si staglia una riproduzione della Santa Casa di Nazareth, l'edificio in cui l'Arcangelo Gabriele avrebbe annunciato a Maria la nascita di Gesù. L'Annunciazione è anche il tema dell'installazione a forma di padiglione. Un'indicazione in tal senso ci viene data dalla provocatoria griglia diagonale che, composta da tubi fluorescenti bianchi, costituisce la copertura superiore della tenda. Se, da una parte, ci ricorda le aureole al neon delle Madonne e dei Santi, che ritroviamo soprattutto nelle chiese dei Paesi mediterranei, dall'altra, questa struttura grigliata riprende direttamente un motivo della Santa Casa, ovvero la grata diagonale della finestra attraverso cui l'Arcangelo Gabriele avrebbe raggiunto Maria. Questo motivo centrale è ripetuto più volte nell'altare della Santa Casa quale tema celestiale ed è presente nel soffitto a cassettoni della Chiesa e nella volta della Santa Casa, come metafora per la predisposizione degli uomini ad accogliere lo Spirito Santo.

Sappiamo bene che cosa è stato annunciato a Maria. Piuttosto, ci domandiamo cosa vogliano annunciarci i due arazzi, nella consapevolezza che ogni annunciazione, tanto più se divina, richiede, anzi presuppone sempre il consenso rispetto al suo oggetto. Nessuno può negarsi di fronte alla volontà divina, non può esistere un rifiuto, come ci ha mostrato l'esempio di Maria nella concezione. La domanda che ci poniamo è: a cosa dobbiamo dare il nostro consenso in questo frangente? Oppure, per dirla in altre parole, in quale complicità vuole coinvolgerci l'artista?

OGGETTI REALI E IRREALI

Qualche sospetto è giustificato, tanto più che le immagini non seguono ciò che la teoria dell'arte convenzionalmente definisce il «carattere enigmatico» dell'arte stessa. Ciò significa che le opere, di regola, celano nell'immagine il loro messaggio e lo nascondono in tutta la loro evidenza. Attraverso la tecnica della dissimulazione, inizialmente lo occultano all'osservatore, attirandolo al tempo stesso verso la sua decodificazione con riferimenti e segnali. Il piacere estetico dell'osservazione artistica, come c'insegna la teoria dell'arte, consiste nel decifrare gradualmente il suo messaggio, presupponendo così tacitamente consenso unanime sul fatto che le immagini celino sempre un messaggio, senza il quale non sarebbero immagini, appunto, bensì mere illustrazioni, e che tale messaggio debba poter essere tradotto in parole.

Al contrario, gli arazzi ostentano questo messaggio. Non ci lasciano arrivare fino in fondo, si sottraggono all'identificazione conclusiva dei segni, senza darci tregua. Ciò in misura ancora maggiore, in quanto questo scompiglio è preceduto da una fase di ampia identificazione: inizialmente crediamo di aver compreso tutto ed ogni cosa ci sembra conosciuta, ma in un secondo momento, il senso viene gradualmente ottenebrato; segni e sostanza, significante e significato, figure e concetti percepibili a livello sensoriale si dividono e le forme rimangono tali e quali, senza alcun contenuto. *Aliquid stat pro aliquo*, un segno è qualcosa che viene collocato al posto di qualcos'altro. È questa la definizione coniata da Sant'Agostino già nel terzo secolo dopo Cristo, laddove di regola i segni sono riferiti a qualcosa di assente, che può essere un oggetto reale così

kann. Zeichen sind Anzeichen, Medium der Imagination und können als solches stellvertretende Präsenz eines Nichtrepräsentierbaren, des Irrealen und Überweltlichen sein.

Aber die Tapisserien verweigern sich hartnäckig gerade der Identifikation des Bezeichneten. Während das Auge etwas zu erkennen glaubt, geht der Geist in die Irre. Grundlage dafür ist eine Technik überwältigender Ähnlichkeit der dargestellten Figuren mit den kanonisierten bildlichen Archetypen, die wir von den alten Meistern kennen, von den Michelangelos und Carravaggios, Renis und Carraccis. Aufgrund der Äquivalenz zwischen dem, was wir sehen, und dem, was wir aus dem Bilderschatz unserer Bildarchive assoziieren, identifizieren wir zum Beispiel eine der dargestellten Szenen als eine Kreuzabnahme. Vielleicht kennen wir Rogier van der Weydens *Kreuzabnahme* (1440, Museo del Prado, Madrid) oder die eine oder andere mittelalterliche Darstellung des Schmerzensmannes. Auch die auf Schlafsäcken im Freien lagernde Gruppe von Personen interpretieren wir ohne weiteres als schlafende Jünger im Garten Gethsemane, andere daneben vielleicht als in Ekstase erstarrte Pilger.

KRYPTOGRAFIE

So stark sind Komposition, Farben und Gesten, dass im ersten Moment selbst die moderne Kleidung der dargestellten Personen uns nicht von unseren Bildassoziationen abbringen kann. Es kümmert uns nicht, ja es fällt uns gar nicht auf, dass es kein Kreuz gibt, sondern nur eine rote Leiter, die zu einer Baumhütte führt und dabei so an den Baum gelehnt ist, dass eine Kreuzabnahme sowieso nicht möglich wäre. Wir sind blind dafür, dass die Person, die wir für den toten Jesus halten, angekleidet ist und dass die zwei Personen, die ihn vom Kreuz nehmen, kaum unseren Vorstellungen von Josef von Arimathäa und Nikodemus entsprechen, abgesehen davon, dass Maria und Maria Magdalena, die üblicherweise in den Darstellungen der Kreuzabnahme anwesend sind, fehlen.

Erst mit der Zeit verstehen wir, dass Kathriner ein eigenes kryptografisches Spiel der Bilder treibt. Kryptografie bezeichnet eine Technik semantischer Entstellung, bei der zum Beispiel durch systematische Umstellung einzelner Buchstaben ein Wort solcherart verfremdet wird, dass es nicht mehr gelesen werden kann, dass sich kein Sinn mehr ergibt. Eine Geheimschrift wird daraus, wenn der Eingeweihte durch Umkehrung des Verfahrens die richtige Ordnung und damit die Bedeutung wiederherstellen kann. Fehlt der Schlüssel zur Rückübersetzung, so führt uns dies an die Grenzen der Vernunft, die auch die Grenzen des Wahnsinns sind, denn wir können nicht anders, wir stehen unter dem Zwang, in den Bildern etwas erkennen, das heißt Sinn machen zu müssen. Es wäre ein Irrtum zu glauben, Bilder seien Spielwiesen freier, ungehemmter Fantasie. Selbst wenn Bilder Medien physikloser Einbildung sind, schieben wir den wahrgenommenen Strukturen eine Logik unter, sei diese auch noch so imaginär.

In den Hergiswalder Wandteppichen findet das kryptografische Verfahren der Sprache Eingang in die Welt der Bilder. Bei der Übertragung ins Medium des Bildes wird daraus ein Spiel mit unserer automatisierten Wahrnehmung. Dahinter steht die Erkenntnis, dass das Sehen kein vorurteilsfreies Sehen ist. Unserem Auge genügen in der Regel wenig grobe Anhaltspunkte, um im Abgleich mit bekannten Mustern eine

come un'idea trascendente. I segni sono indizi, strumenti dell'immaginazione e, in quanto tali, possono essere una presenza sostitutiva dell'irrappresentabile, dell'irreale e dell'ultraterreno.

Eppure gli arazzi si negano caparbiamente proprio all'identificazione dell'oggetto designato: mentre l'occhio crede di riconoscere qualcosa, lo spirito si smarrisce. Alla base vi è una tecnica di straordinaria somiglianza delle figure rappresentate con gli archetipi canonizzati che riconosciamo dagli antichi maestri, dai vari Michelangelo, Caravaggio, Reni e Carracci. A causa dell'equivalenza tra ciò che vediamo e ciò che associamo nel patrimonio dei nostri archivi figurativi, identifichiamo, ad esempio, una delle scene rappresentate come la Deposizione dalla croce. Forse conosciamo la pala di Rogier van der Weyden (1440, Museo del Prado, Madrid), o forse abbiamo visto qualche altra rappresentazione medievale dell'Ecce homo. Anche il gruppo di persone adagiate su sacchi a pelo all'aperto viene subito interpretato, senza alcun dubbio, come gli apostoli dormienti nell'orto del Getsemani, mentre le figure accanto vengono identificate come pellegrini impietriti dall'estasi.

CRITTOGRAFIA

La forza di composizione, colori e gesti è tale che, di primo acchito, neanche l'abbigliamento moderno delle persone raffigurate riesce a distoglierci dalle nostre associazioni figurative. Non ci preoccupiamo, anzi, non ci accorgiamo nemmeno dell'assenza di una croce e della presenza, invece, di una scala rossa, che porta ad un rifugio costruito su un albero, inclinata a tal modo da rendere in ogni caso impossibile la deposizione dalla croce. Non vediamo che la persona, da noi ritenuta il Cristo morto, in realtà è vestita e che le due persone che lo depongono dalla croce non corrispondono affatto alla nostra idea di Giuseppe di Arimatea e Nicodemo, per non parlare dell'assenza della Madonna e di Maria Maddalena, solitamente presenti in queste raffigurazioni.

Solo con il passare del tempo ci rendiamo conto che Kathriner ha messo in atto un gioco crittografico delle immagini. Con il termine crittografia s'intende la tecnica di alterazione semantica, attraverso cui, spostando sistematicamente delle singole lettere, una parola viene falsata a tal modo da non poter più essere letta, andando così completamente perduto il suo significato. Ne risulta una scrittura codificata, ma solo se, avendo il testo di fronte a sé e invertendo tale processo, si è in grado di ripristinare l'ordine corretto e ricomporne così il significato. L'assenza della chiave di codifica ci porta ai confini della ragione, al tempo stesso anche della pazzia, poiché non possiamo agire diversamente, essendo costretti a riconoscere qualcosa nelle figure, cercando di dar loro un senso. Sarebbe un errore credere che le immagini siano ambiti in cui dar libero sfogo a fantasie sfrenate: anche se sono strumenti di coinvolgimento privi di fisicità, tendiamo ad attribuire una logica alle strutture percepite, per quanto immaginaria questa possa essere.

Negli arazzi di Hergiswald, il processo crittografico del linguaggio ha accesso al mondo delle immagini. Nella trasposizione a questo strumento, ne scaturisce un gioco con la nostra percezione automatizzata, dietro cui si cela la conferma che l'osservazione non è mai un'azione libera da pregiudizi. Di regola, per i nostri occhi sono sufficienti alcuni punti di ri-

Figur oder ein Bild zu identifizieren und vermeintlich zu erkennen. Dabei greifen wir für die aktuelle Wahrnehmung immer auf Bekanntes, auf frühere Wahrnehmung zurück, wobei im ersten Moment Details nicht überprüft werden. Erst eine eingehende Betrachtung mag offenbaren, dass nicht alles so ist, wie wir es erkannt zu haben glaubten. Kleine Unstimmigkeiten schüren Zweifel, sie wecken ein wachsendes Unbehagen, das sich zur Krise steigert, die sich je länger je mehr von einer Krise des Sehens zu einer des Denkens wandelt.

GÖTTLICHE REFERENZLOSIGKEIT

Die Tapisserien bringen unseren hermeneutischen Eifer zum Straucheln. Mit der radikalen Negation des Zeichenwerts stehen wir jetzt vor der Aufhebung des Bildes als Repräsentation. Überall nur imaginäre Signifikate. Schaut man jetzt die Wandteppiche noch einmal an, so erhalten wir einen anderen Eindruck. Wir werden gewahr, dass auch die Protagonisten im Bild davon ergriffen sind. Nach und nach erkennen wir, dass auch dort totale Verwirrung herrscht, die Gesten sprachlos und die Physiognomien ausdruckslos sind. Im ersten Moment hatten wir das noch ganz anders erfahren. Jetzt dagegen beobachten wir die schrittweise Aufhebung jeglichen Bezugs auf das Reale, also jenen Nullpunkt der Semantik, an dem es keine Verführung zum Realen gibt, gleichzeitig aber auch nichts gegen dieses spricht.

Die Suspension des Realen erfahren wir unsererseits als eigenartige Stimmung des Erhabenen. Erhaben sind die Bilder, wo sie in Erregung versetzen, erbarmungslos, wo sie diese ins Leere laufen lassen, versöhnlich, wo in der Berührung des Nichts ein ekstatisches, ein mythisches Moment aufscheint. Der Abgrund des Nichts ist keineswegs nichts. Mit Friedrich Nietzsche lässt sich feststellen, dass die kryptografische Bildtechnik wohl die Möglichkeit eines grundsätzlichen Nihilismus vorwegnimmt, ohne jedoch »bei einem Nein, bei einer Negation, bei einem Willen zum Nein« stehen zu bleiben. Der Durchgang durch den Nullpunkt wird zum Moment mythischer Erneuerung, entweder als Teil eines Zyklus von Wiederkehr und Wiedergeburt, jedoch auch mit der von Nietzsche grundsätzlich negierten Alternative, dass am Nullpunkt des Nichts auch der Funke des Numinosen und Göttlichen überspringen kann, dass an die Stelle der gebrochenen Kausalität und Referenzialität der Zeichen nicht ihre Neukonstitution steht, sondern die Allursächlichkeit des Göttlichen hervortreten kann. Im Moment der radikalen Negation des Zeichens als Wert haben wir es mit einer Art göttlichen Referenzlosigkeit der Zeichen zu tun.

Vor dem Hintergrund der Santa Casa werden die Tapisserien nun als religiöse Bilder eigener Art sichtbar. Überall ist eine luziferische Allianz zwischen Nihilismus und Religion präsent, in den irren Blicken und sich reckenden Armen ebenso wie in den ausgezehrten Körpern und entrückten Physiognomien. In einer der Tapisserien wird uns die göttliche Erkenntnis als entgeistertes Erwachen aus einer weltlichen Mission gezeigt. Wir sehen eine Gruppe von zutiefst verwirrten Personen, die noch bis zum Zeitpunkt der mysteriösen Verkündigung eine gemeinsame Absicht verfolgt zu haben scheinen. Die Plakate deuten darauf hin, dass ihnen unerschütterlich ein klares Ziel vor Augen stand. Jetzt dagegen herrscht Verwirrung und Sprachlosigkeit, die Gesten laufen ins Leere.

ferimento per identificare o presumere di riconoscere una figura o un'immagine, semplicemente confrontandoli con degli schemi conosciuti. Per la percezione corrente ci rifacciamo sempre a ciò che conosciamo ovvero ad una percezione precedente, evitando così, almeno in un primo momento, di addentrarci nei dettagli. Solo un'osservazione più approfondita può rivelarci che non tutto è esattamente come credevamo di averlo riconosciuto. Le piccole discordanze fomentano dubbi, destando un disagio che può crescere fino a trasformarsi in uno stato, che via via si trasforma da crisi della visione in crisi del pensiero.

ASSENZA DI PUNTI DI RIFERIMENTO DIVINI

Gli arazzi traggono in inganno il nostro zelo ermeneutico. Con la radicale negazione del valore del segno, ci troviamo ora di fronte all'abolizione dell'immagine quale forma di rappresentazione: siamo circondati solo da significati immaginari. Se guardiamo ancora una volta gli arazzi, ne ricaviamo un'impressione diversa: ci accorgiamo che anche i protagonisti dell'immagine ne sono catturati. Gradualmente riconosciamo che anche lì regna il caos, i gesti sono muti e le fisionomie inespressive. In un primo momento, avevamo avuto un'impressione completamente diversa, mentre ora osserviamo la graduale soppressione di ogni riferimento al reale, cioè di quel punto neutro della semantica, in cui non c'è alcuna seduzione verso il reale ma, al tempo stesso, non c'è nulla che esprima il suo contrario.

La sospensione del reale, dal canto nostro, viene vissuta come una sensazione unica di sublimità. Le immagini sono sublimi laddove riescono a creare emozioni, spietate quando le fanno andare a vuoto, concilianti nel momento in cui, nel contatto con il nulla, si manifesta un momento estatico e mitico. L'abisso del nulla non è affatto niente. Rifacendoci a Friedrich Nietzsche, possiamo constatare che la tecnica d'immagine crittografica anticipa la possibilità di un nichilismo di principio, senza tuttavia rimanere immobili di fronte a «un no, una negazione, una volontà di negazione». Il passaggio attraverso il punto morto diventa il momento del rinnovamento mitico, come parte di un ciclo di ritorno e rinascita, ma anche con l'alternativa, fondamentalmente negata da Nietzsche, che vi possa scoccare anche la scintilla del numinoso e del divino. E che là dove la causalità viene spezzata e regna il referenzialismo dei segni non vi avviene la loro ricostituzione, ma può invece manifestarsi la causalità universale del divino. Nel momento della negazione radicale del segno quale valore, abbiamo a che fare con una sorta di assenza di punti di riferimento divini dei segni.

Sullo sfondo della Santa Casa, gli arazzi risultano visibili solo come immagini religiose di tipo particolare. Ovunque è presente un'alleanza luciferina tra nichilismo e religione, negli sguardi confusi e nelle braccia che si tendono, così come nei corpi consumati e nelle fisionomie rapite. In uno degli arazzi, la consapevolezza divina viene raffigurata quale risveglio attonito da una missione secolare. Possiamo osservare un gruppo di persone profondamente confuse che, fino al momento della misteriosa annunciazione, sembravano aver seguito un intento comune. I cartelli accennano al fatto che queste persone avevano un obiettivo chiaro, rispetto al quale ora regna confu-

In den entleerten Gesten verkehrt sich die Lebensbejahung in Ich-Verneinung. Die Sprachlosigkeit zeigt die Verkündigung als Rückfall in den Mythos, das heißt hinter das aufklärerische Prinzip zurück, das an aller Anfang steht: das Wort. Die göttliche Erkenntnis ist vorbegrifflich, vor ihr versagt die Sprache. Sie bricht, wie es die Szene zeigt, mit der menschlichen Solidarität, wo diese allein im Wort sich gründet.

TREMENDUM UND *FASCINOSUM*

Schaut man noch einmal hin, so zeigt sich, dass die Tapisserien sich dem verweigern, was herkömmlich die Überzeugungskraft der Bilder ausmacht: die *Formbeseelung* durch Einfühlung. Die Tapisserien sperren sich dagegen. Einfühlung heißt nach Robert Vischer, dem Begründer der *Einfühlungsästhetik*, das »Versetzen der eigenen Leibform und hiermit auch der Seele in die Objektform«. Es führt die nachgeahmte Gebärdensprache zu der Empfindung zurück, welche sich in der Gestalt des Nachgeahmten ausdrückt. Es ist die schmerzvolle Gebärde ebenso wie die lustvolle, die in der Nachahmung durch den Betrachter zu einem unmittelbar Gefühlten wird. Dabei lässt Vischer keinen Zweifel daran, dass erst die leibliche Einfühlung die Voraussetzung für die geistige Einfühlung oder Formbeseelung schafft. Es besteht also ein wechselseitiges Verhältnis zwischen Objekt und Subjekt, welches Aby Warburg als *Einverseelung* bezeichnete.

Hier in den Tapisserien ist jedoch der Kreislauf zwischen einschwingender Fantasie und ausschwingender Vernunft unterbrochen. Das Gefühlte und das Bedeutete sind entkoppelt. Mit der Verkündigung findet keine Inkarnation des Geistes statt, weshalb mit der entleerten Körperlichkeit auch die gestische Nachfühlung nicht zur geistigen Einverseelung führen kann. Es gelingt uns nicht, uns mit der eigenen Leibform in die dargestellten Szenen und ihren Personen einfühlend hineinzuversetzen. Im Gegensatz zum emphatischen Moment der christlichen Ikonografie, gerade auch des frühbarocken Bildprogramms der Hergiswalder Kirche, lassen die Tapisserien nicht zu, dass wir durch Einverseelung in die Bilder selbst heilig werden – so wir denn wollten.

Kathriners Bildtechnik praktiziert dagegen eine umgekehrte Einfühlung, die jedoch keine rein negative Ästhetik ist. Denn in der orgiastischen Bildsprache der Gebärden und Physiognomien liegt eine eigene Art des Erhabenheitspathos. Dieses wird von einem mythischen Schrecken ausgelöst, der den Protagonisten in die Glieder gefahren zu sein scheint und von einer Anwesenheit in ihrer höchsten Form spricht: dem *tremendum* und *fascinosum* des Numinosen, des nicht repräsentierbaren Göttlichen. Dieses sprengt die Grenzen des Bildes, greift aus dem Bild heraus in den Raum und auf uns und weitet sich in uns. Es ergreift und entzieht sich doch der Sichtbarkeit, es spricht vernehmlich, dies aber schweigend. Man erschrickt, ohne zu wissen und je zu erfahren, was der Grund hierfür ist. Dieser Schrecken ist aber kein bloßes Sichfürchten, sondern der Schrecken des verletzten Geistes, ein existenzieller Schrecken und damit diejenige Erfahrung, die heute allein für das Authentische bürgt.

sione e sbalordimento, dove i gesti si muovono senza senso. Negli spiriti svuotati, l'affermazione della vita si trasforma in una negazione dell'Io. Lo sbalordimento mostra l'Annunciazione come una ricaduta nel mito, prima del dogma illuminante il principio di ogni cosa, ovvero il Verbo. La cognizione divina è preconcettuale, dinanzi ad essa il linguaggio fallisce e, come ci mostra la scena, rompe con la solidarietà umana, laddove questa si fonda esclusivamente sulla parola.

TREMENDUM E *FASCINOSUM*

Osservando più attentamente, risulta chiaro che gli arazzi negano e si oppongono a ciò che tradizionalmente è la forza persuasiva delle immagini: *l'animazione delle forme* attraverso l'empatia. Secondo Robert Vischer, fondatore dell'*estetica dell'empatia*, ciò significa «immedesimare la propria forma corporea e, di conseguenza, anche la propria anima, nella forma dell'oggetto». Il linguaggio gestuale imitato viene riportato alla sensazione che si esprime nella figura dell'oggetto di tale imitazione. È il gesto doloroso e così come quello gioioso che, nell'imitazione dell'osservatore, diviene oggetto del nostro sentire diretto. Vischer non ha dubbi sul fatto che solo l'immedesimazione corporea dia vita all'empatia spirituale o all'animazione della forma. Esiste quindi un rapporto reciproco tra oggetto e soggetto, definito da Aby Warburg *Einverseelung* (compenetrazione nell'anima).

Negli arazzi, tuttavia, il circuito tra fantasia e ragione è interrotto: l'oggetto del nostro «sentire» e quello del nostro comprendere si separano. Con l'Annunciazione non ha luogo l'incarnazione dello spirito, motivo per cui attraverso la fisicità svuotata anche la condivisione gestuale non può portare alla Einverseelung. Non riusciamo a immedesimarci empaticamente con la nostra forma corporea nelle scene e nelle persone raffigurate. Diversamente dal momento enfatico dell'iconografia cristiana, proprio dei temi figurativi del primo Barocco cui appartiene il santuario di Hergiswald, gli arazzi non ci consentono di diventare santi attraverso l'Einverseelung nelle immagini, neppure se lo volessimo.

La tecnica figurativa di Kathriner, al contrario, mette in atto un'empatia capovolta, che tuttavia non è un'estetica puramente negativa. Infatti, nel linguaggio figurativo orgiastico dei gesti e delle fisionomie, si ritrova una specifica tipologia di pathos legato al sublime, scatenato da un terrore mitico, che sembra penetrare nelle ossa dei protagonisti e che narra di una presenza nella sua forma più elevata: il *tremendum* e *fascinosum* del numinoso, del divino irrappresentabile. Tutto ciò fa saltare i confini dell'immagine, si propaga nello spazio e fino a noi, espandendosi in noi stessi. S'impadronisce e si sottrae alla visibilità, parlando in maniera percettibile, pur sempre tacendo. Ciò impaurisce, senza comprenderne o venirne mai a sapere il motivo. Questa paura non è, però, un semplice timore di sé, ma la paura dello spirito ferito, una paura esistenziale e, quindi, la sola esperienza che oggi, è in grado di garantire autenticità.

Robert Suckale

DIE BIBLISCHE BEGRÜNDUNG DES ABENDLÄNDISCHEN ORNAMENTVERSTÄNDNISSES

Wolfgang Wolters
zugeeignet

Um die theoretischen Grundlagen der neuzeitlichen Baukunst zu verstehen, greifen wir wie selbstverständlich zu Vitruvs *Zehn Bücher über Architektur* und seinen Kommentatoren sowie zu anderen Traktaten der Epoche, vor allem der Rhetorik, die in den Bildenden Künsten als Ersatz für eine fehlende Kunsttheorie gedient hat. Doch insgesamt gesehen ist die Menge der architekturtheoretischen Literatur nicht sehr groß und ihre Benutzung keineswegs bei allen Baumeistern nachzuweisen. Mit der Wende zur Moderne im 18. Jahrhundert kehrt sich das Verhältnis von theoretischen Erläuterungen zur Menge qualitätvoller Architektur geradezu um. Das Mittelalter hingegen hat großartig gebaut, scheint auf dem Gebiet der Theorie aber geradezu analphabetisch gewesen zu sein: Wir haben kaum Hinweise über die Bildung der Baumeister, über ihre Ideale, Ideen und Praktiken; es finden sich keine Biografien oder Autobiografien von Architekten bis ins 18. Jahrhundert. Es gibt

27

Robert Suckale

MOTIVAZIONI BIBLICHE DELLA CONCEZIONE OCCIDENTALE DELL'ORNAMENTO MEDIEVALE

Dedicato a
Wolfgang Wolters

Per comprendere le basi teoriche dell'architettura dell'età moderna facciamo riferimento, quasi fosse ovvio, al trattato *De architectura* di Vitruvio, ai suoi commentatori e ad altri trattati dell'epoca, soprattutto a quelli riguardanti la materia della retorica, arte che spesso ha colmato l'assenza di paragonabili fondamenti teorici nelle arti figurative. Tuttavia, la quantità complessiva di letteratura disponibile sulla teoria architettonica non è molto vasta e neppure ne è stato dimostrato l'effettivo utilizzo da parte di tutti gli architetti. Con il passaggio all'era moderna, nel XVIII secolo, il rapporto fra le interpretazioni teoriche e il numero di opere architettoniche di alto livello si capovolse. Se nel Medioevo si costruiva in maniera grandiosa, nel campo della teoria regnava l'analfabetismo: ci mancano quasi del tutto indicazioni sulla formazione degli architetti, sui loro ideali, le loro idee e le tecniche adottate, e fino al XVIII secolo non esistono praticamente biografie o autobiografie di architetti.

zwar bei einigen Chronisten bemerkenswerte Baunachrichten, aber die meisten äußern sich sehr zurückhaltend zu Theorie und Ästhetik der Baukunst. Im Übrigen vertreten sie eher die Sicht des Bauherrn. Wer die in den Quellensammlungen zusammengetragenen Texte liest, wird frustriert, weil er dort so wenig für das Verständnis dieser Baukunst Brauchbares findet. Der offenkundige Mangel an Theorie und überhaupt an schriftlich niedergelegten Reflexionen ist befremdlich und steht in diametralem Gegensatz zum einzigartigen künstlerischen Rang vieler der damals errichteten Kirchen, Klöster und Paläste.

Ist das alles nur Wasser auf die Mühlen derjenigen, die immer schon gesagt haben: Gute Architektur kommt von guter Architektur? Zwar gehörte die Kenntnis der berühmten Bauwerke der Welt immer schon zum Bildungswissen der führenden Kreise. Doch war es meist nur ein Kennen vom Hörensagen. Denn was konnten die Bauleute etwa der Île-de-France an guter antiker oder frühchristlicher Baukunst sehen und studieren? Fast nichts! Italienreisen waren damals noch die Ausnahme. Aber auch dort hätte man Mühe gehabt, die antiken Monumente überhaupt ausfindig zu machen – so sehr waren die meisten von ihnen verschüttet und überwuchert. Die antiken Tempel waren im Übrigen weiterhin im Verruf als Stätten heidnischen Götzendienstes und galten deshalb lange Zeit als nicht nachahmungswürdig.

Man hielt im Mittelalter einige wenige Bauten für Prototypen der Architektur, so die Heilig-Grab-Kirche und die Al-Aqsa-Moschee in Jerusalem, die frühen päpstlichen Basiliken und das Pantheon in Rom, die Rotunde des Aachener Münsters und die Abteikirche von Saint-Denis. Als Urbauten jedoch galten das Bundeszelt des Moses und der Tempelbau Salomos, weil sie im Ganzen wie im Einzelnen von Gott persönlich angeordnet und eingerichtet worden waren. Wegen ihrer Zerstörung konnten sie jedoch kaum zur Nachahmung dienen. Über ihre Genese und Einrichtung wird zwar in der Bibel ausführlich berichtet, doch sind die Texte so unvollständig und unkonkret, dass die Baumeister wenig mit ihnen anzufangen wussten (III Reg 6–8). Es lässt sich jedoch zeigen, dass man aus ihrer Lektüre einige prinzipielle Anschauungen gewonnen hat.

Zwar wurde auch im Mittelalter Vitruv studiert – das bezeugt allein schon die große Zahl alter Vitruv-Handschriften, aber auch die gelegentlich vorkommenden Säulen, die wie ein Baumstamm mit abgehauenen Ästen geformt sind und damit eine von Vitruv formulierte Theorie über den Ursprung der Baukunst umsetzen. Doch las man ihn eher wegen seiner Mitteilungen zur Befestigung und zum Städtebau. Seine seit dem ausgehenden 15. Jahrhundert so ernst genommene Säulenordnungstheorie wurde in der Regel übergangen, denn sie war zu eng mit dem Kult der heidnischen Gottheiten verbunden. Doch lernte

Se è vero che alcuni cronisti dell'epoca ci forniscono notizie sulle opere, la maggior parte di essi è piuttosto reticente in merito alla teoria ed all'estetica dell'architettura, inoltre solitamente tendendo a condividere la visione del committente. Anche la lettura dei testi riportati nelle fonti bibliografiche induce una sensazione di frustrazione dovuta alla scarsità di materiale presente che sia realmente utile alla comprensione dell'arte architettonica. La palese carenza di opere teoriche e in generale di riflessioni scritte è sconcertante, e contrasta diametralmente lo straordinario livello artistico raggiunto da chiese, monasteri e palazzi realizzati all'epoca.

Stiamo dunque portando acqua al mulino di chi, da sempre, sostiene che la buona architettura derivi solo da buona architettura? È pur vero che le conoscenze relative alle più famose opere architettoniche hanno sempre fatto parte del sapere formativo delle cerchie eminenti. Eppure nella maggior parte dei casi si trattava solo di conoscenze apprese «per sentito dire». Ad esempio i costruttori dell'Île-de-France cosa avrebbero mai potuto vedere o studiare della famosa architettura antica o paleocristiana? Quasi nulla! All'epoca, infatti, i viaggi in Italia erano un'eccezione e in ogni caso, anche lì i viaggiatori avrebbero incontrato non poche difficoltà nell'individuare i monumenti, di cui la maggior parte era in rovina, sepolta o ricoperta di vegetazione. Gli antichi templi, del resto, continuavano ad essere considerati luoghi d'idolatria pagana e quindi per lungo tempo non degni d'emulazione.

Nel Medioevo alcune costruzioni venivano ritenute prototipi architettonici, per esempio la chiesa del Santo Sepolcro e la moschea di al-Aqsa a Gerusalemme, le antiche basiliche papali e il Pantheon a Roma, la cappella palatina di Aquisgrana, l'abbazia di Saint-Denis. Ciò nonostante solo la Tenda dell'Alleanza di Mosè (Tabernacolo) e il Tempio di Salomone erano considerati veri e propri archetipi, poiché incaricati ed arredati in tutto e per tutto da Dio stesso. Tuttavia a causa della loro distruzione ovviamente non potevano essere utilizzati come esempi da imitare: la Bibbia ci fornisce numerosi dettagli sulla loro genesi e sui loro arredi, ma i testi sono talmente lacunosi ed astratti che gli architetti non potevano farsene più di tanto (III Reg 6–8). Tuttavia è possibile dimostrare che dalla loro lettura vennero ricavati alcuni concetti importanti.

Che Vitruvio venisse studiato anche nel Medioevo è testimoniato dall'elevato numero di antichi manoscritti e dalla sporadica ricorrenza di colonne a guisa di tronco d'albero con rami recisi, realizzazione che si basa su una sua teoria sull'origine dell'architettura. Ciò nonostante, il trattato dell'architetto romano veniva letto prevalentemente per le sue informazioni su fortificazioni e urbanistica. La sua teoria sull'ordinamento delle colonne, presa così seriamente a

man aus ihr, wie man Kapitelle, Basen und Mauerwerk differenziert gestalten konnte. Dass aber die Säule das vornehmste Architekturglied war, dafür hatte man noch einen anderen, in damaligen Augen viel legitimeren Zeugen, nämlich die Bibel. Wenn dort von Architektur die Rede ist, dann meistens von Säulen.

Die Bibel als Quelle der Architekturtheorie? Das mutet selbst Leuten, die die Bibel zu kennen meinen, seltsam an. Und doch enthält insbesondere das Alte Testament einige bemerkenswerte Aussagen. Dass wir eine derartige These zunächst nur skeptisch zur Kenntnis nehmen, liegt vor allem an den tiefgreifenden Veränderungen der Rolle und des Verständnisses der Bibel in unserer säkularisierten Gesellschaft. Heute gilt das Buch der Bücher primär als ein religiöser beziehungsweise moralischer Text, der nur Wenigen noch zur Gänze bekannt und außerdem in vielen Teilen fremd ist. Ihre Wunderberichte gelten als Märchen, ihre Aussagen allgemeiner Art als wissenschaftlich widerlegte Mythen. Man hat sich jedoch klar zu machen, dass noch bis zum 19. Jahrhundert die Bibel weithin Zeile für Zeile als absolut unfehlbar auch in ihren Aussagen über Natur und Geschichte galt, ja als Schatzhaus des Wissens über alle Bereiche des menschlichen Lebens, der Natur und der ganzen Welt. Es galt als unerschütterliche Lehrmeinung, dass die Bibel nicht irren könne, weil sie Gottes Wort sei. Während uns heute vor allem die Schöpfungsgeschichte als Ammenmärchen erscheint, galt sie mehrheitlich noch vor hundert Jahren weithin als sichere Wahrheit. Nach der Meinung einiger Fundamentalisten befänden wir uns im Jahre 5770 nach Erschaffung der Welt.

Wir lächeln über diese Beschränktheit, aber: Wer kann sich wirklich vorstellen, dass er von der Erdanziehungskraft im Lot gehalten wird, obwohl er eigentlich ins Weltall fallen müsste? Wir wissen, dass die Erde sich um die Sonne dreht, aber wir sagen noch immer: »Die Sonne geht unter« anstelle von »Die Erde dreht sich aus dem Licht der Sonne«. Wir sprechen weiterhin so, als wäre die Theorie des Kopernikus unrichtig. Es hat bis weit ins 18. Jahrhundert gedauert und des massiven Einsatzes der staatlich verordneten Aufklärung bedurft bis die kopernikanische Lehre allmählich in breiteren Kreisen rezipiert wurde.

Die Selbstverständlichkeit der Entmythologisierung so wichtiger Grundlagen der biblischen Lehre hat vergessen lassen, dass das Buch der Bücher bis ins 19. Jahrhundert hinein die wichtigste Bildungsmacht im Abendland gewesen ist. Man kann das Denken und Fühlen, die Kultur der alten europäischen Gesellschaft nicht verstehen, wenn man die Bibel nicht berücksichtigt. Man muss sie als Historiker wenigstens als Bildungsfaktor ernst nehmen. Dabei stellt man fest, dass es dort zu den Bildenden Künsten wegen der Bildfeindlichkeit der Hebräer fast nichts, zur Architektur aber sehr viel mehr zu finden gibt,

partire dal tardo Quattrocento, veniva di regola ignorata, anche se illustrava come realizzare in maniera differenziata capitelli, basamenti e opere murarie, poiché troppo strettamente legata al culto delle divinità pagane. Che la colonna fosse l'elemento architettonico più nobile veniva testimoniato da un libro all'epoca considerato molto più legittimo, ovvero dalla Bibbia: se nelle Sacre Scritture si parla di architettura, infatti, di solito si citano le colonne.

La Bibbia quale fonte di teoria dell'architettura? Perfino a chi crede di conoscere bene le Sacre Scritture può sembrare strano. Eppure soprattutto l'Antico Testamento contiene alcune affermazioni degne di nota. Lo scetticismo iniziale con cui oggi accogliamo una simile tesi è da ricondurre particolarmente alle profonde mutazioni del ruolo e della comprensione della Bibbia nella nostra società secolarizzata. Oggi il Libro dei Libri è considerato, in primo luogo, un testo religioso e morale, a pochi conosciuto nella sua interezza e in molte parti ancora incompreso. Le narrazioni dei miracoli sono ritenute perlopiù favole e le affermazioni generiche alla stregua di miti confutati dalla scienza. Si deve però tener presente che, fino al XIX secolo, la Bibbia era considerata assolutamente infallibile in ogni sua parola, nelle sue esternazioni su natura e storia, come una preziosa custode del sapere in ogni ambito della vita umana, della natura e dell'universo intero. Secondo la dottrina indiscussa, la Bibbia non poteva cadere in errore, in quanto rappresentazione della parola di Dio. Mentre oggi soprattutto la storia della creazione appare come una favola per bambini, fino ad un secolo fa era generalmente accettata come verità certa e inconfutabile. Secondo l'opinione di alcuni fondamentalisti, oggi correrebbe l'anno 5770 dalla genesi del mondo.

Sorge spontaneo un sorriso di fronte a questa ristrettezza mentale, eppure chi di noi riesce davvero ad immaginare di essere mantenuto in piedi dalla forza di gravità della terra, in assenza della quale precipiteremmo nello spazio infinito? Sappiamo bene che è la terra a girare intorno al sole, ma ciò nonostante continuiamo a dire «il sole tramonta», anziché «la terra ruota su se stessa, sottraendosi alla luce solare». Continuiamo dunque ad esprimerci come se la teoria copernicana fosse scorretta. È stato necessario attendere gli inizi del Settecento affinché, grazie anche alla massiccia opera educativa imposta dallo stato, la teoria copernicana venisse recepita gradualmente da cerchie di persone sempre più ampie.

L'ovvietà del processo di demitizzazione di alcune importanti basi della dottrina biblica fa dimenticare che il Libro dei Libri, era considerato, fino al XIX secolo, l'istanza principale responsabile dell'istruzione in Occidente. È impossibile comprendere la cultura della società europea antica e il suo modo

als man vermuten würde, und zwar so viel, dass ich mich an dieser Stelle beschränken muss.

Doch zuvor ist es notwendig, für die der Bibel entwöhnten Zeitgenossen einige Eigentümlichkeiten dieser Texte und des Umgangs der Theologen mit ihnen zu erörtern. So ist daran zu erinnern, dass die Bibel keine Abhandlungen enthält, sondern nur kurze Erzählungen heilsgeschichtlich wichtiger Ereignisse und dass sie andererseits redundant und oft unübersichtlich ist. Die Exegeten wiederum zitieren beziehungsweise diskutieren meist nur einige ihnen wichtige Kernsätze oder sogar nur Teile davon, zuweilen aus dem Sinnzusammenhang gelöst. So wird zum Beispiel der kunst- und architekturtheoretisch so relevante Satz: »Du hast alles nach Maß, Zahl und Gewicht geordnet« (*omnia mensura, numero et pondere disposuisti*, Sap 11,21) in der Regel außerhalb seines Textzusammenhangs diskutiert.

Mich beschäftigt hier nur der Ornamentbegriff der Bibel und seine Folgen für Architektur und Bildende Kunst.

Der Begriff des Schmuckes (*ornatus*, *ornamentum* oder auch *decor*) kommt in der Bibel außer im Bauwesen noch in zweierlei Zusammenhängen vor. Die erste Nennung überhaupt findet sich am Schluss des Schöpfungsberichtes: »Vollendet waren Himmel und Erde mit allem ihrem *Schmuck*« (*Igitur perfecti sunt caeli et terra et omnis ornatus eorum*, Gn 2,1). Schmuck meint hier, dass Himmel und Erde durch die Planeten und Gestirne, die Gesteine, Pflanzen und Tiere, die Berge und Flüsse, die Felder, Seen und Auen verziert wurden; er umfasst beinahe die gesamte Natur. Ohne diesen Schmuck wären Himmel und Erde öd und leer.

Bezeichnend hierfür ist die Miniatur der *Bible moralisée*, die Gott als Schöpfer darstellt, der mit dem Bodenzirkel des Architekten seinen Schöpfungsplan aufreißt, so wie es die Baumeister vor der Entwicklung der maßstabsmäßig verkleinerten Risse und des kleineren Handzirkels im 13. Jahrhundert gemacht haben und wie es bis heute bei vielen Bauzimmerleuten Brauch ist [→ **ABB. 19**]. In den alten Texten ist oft von der *fabrica mundi* die Rede und von Gott als dem *creator machinae mundi*, dem *sapiens architectus* und Geometer. Ich werde darauf unten zurückkommen.

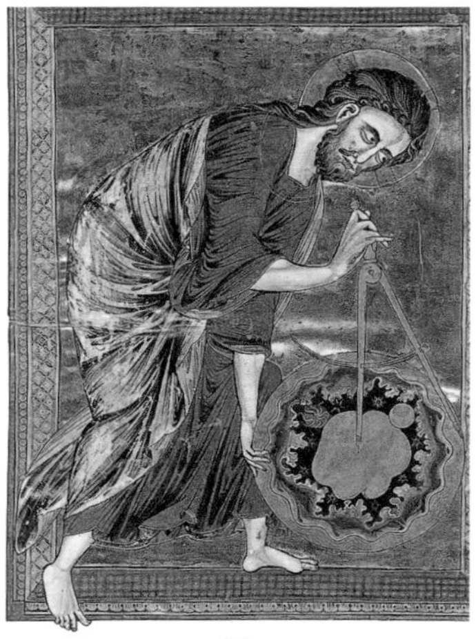

19

GOTT ALS SCHÖPFER

Bible moralisée, 13. Jh., Österreichische Nationalbibliothek, Wien, Cod. 2554.

Der Mensch, die Krone der Schöpfung und Gottes Ebenbild, hat seinen eigenen Schmuck, die Kleidung. So heißt es von Judith, die sich auf ihren Besuch beim assyrischen Feldherrn Holofernes vorbereitet: »Sie legte all ihren Schmuck an« (*Omnibus ornamentis suis ornavit se*, Idt 10,3). Judith legte ihr Witwengewand ab, salbte sich mit dem köstlichsten Öl, zog sich ihr schönstes Kleid an, dazu Sandalen, richtete

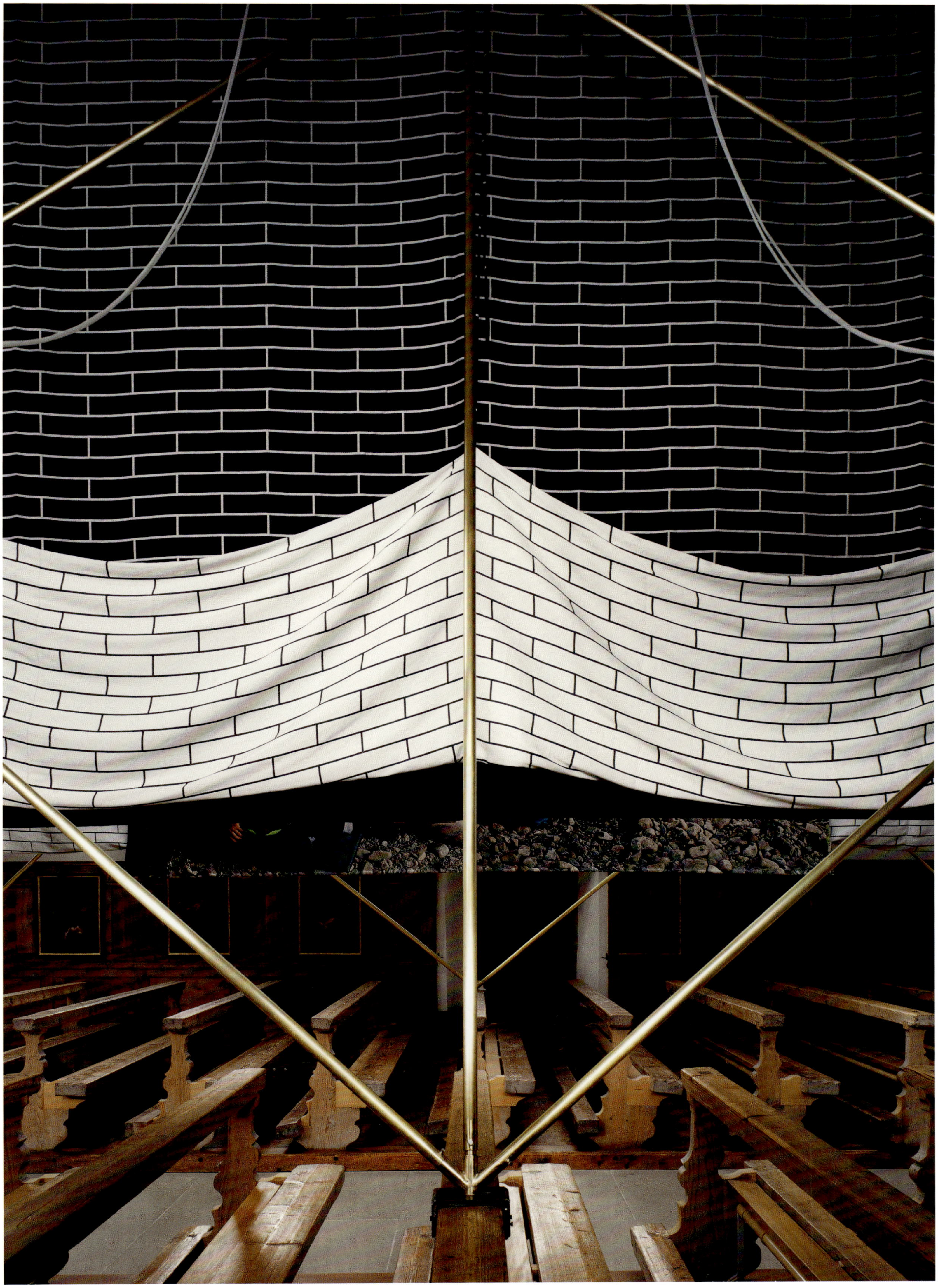

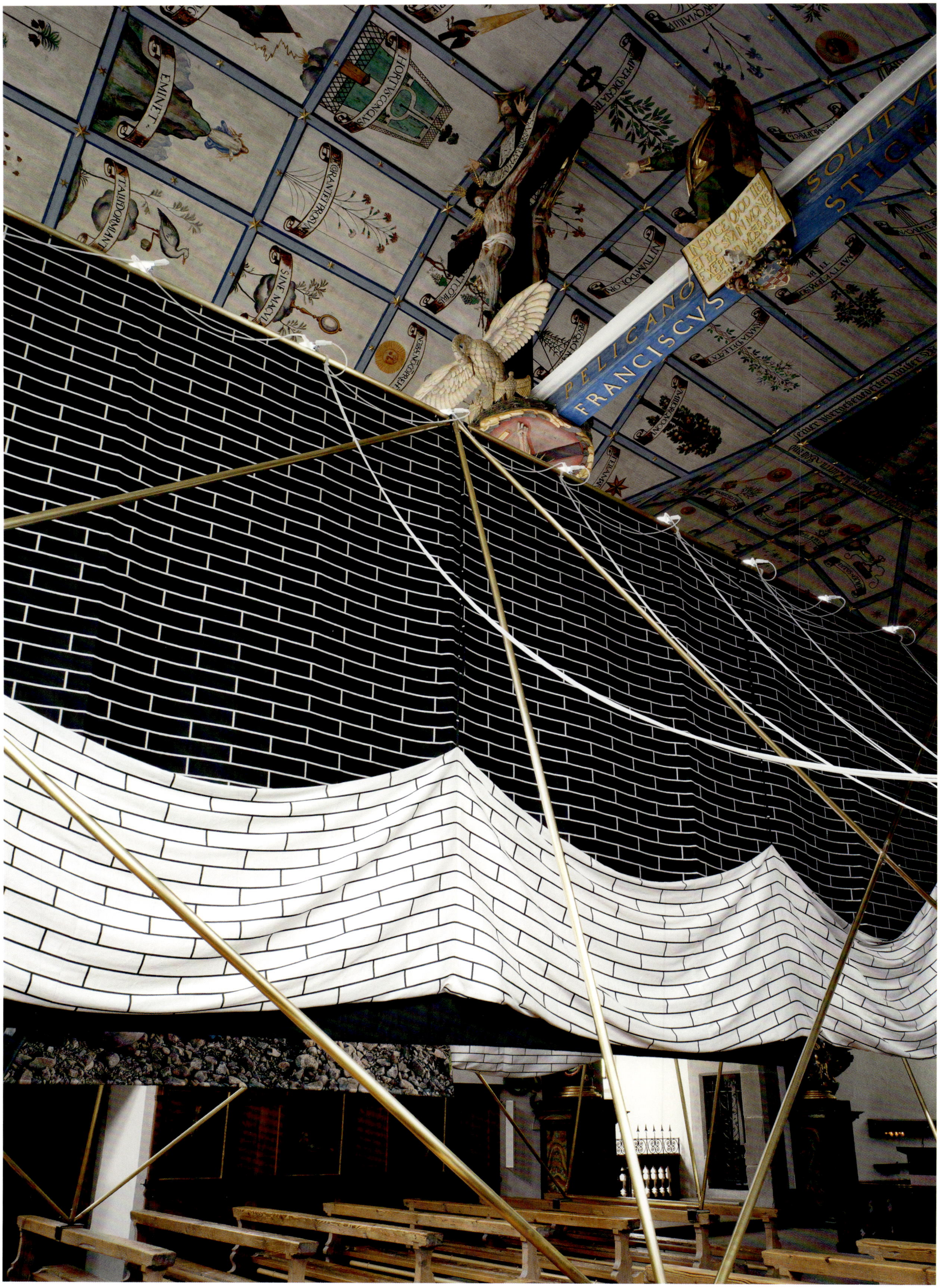
PELICANO
FRANCISCVS

di pensare e sentire se non si tiene conto del ruolo della Bibbia. Quanto meno, dal punto di vista storico, la Bibbia va considerata nel suo ruolo fondamentale per l'istruzione e la formazione.

A questo punto si noterà come nella Bibbia non ci sia, a causa dell'iconoclastia diffusa nel mondo ebraico, quasi traccia di arti figurative mentre sull'architettura si trovi molto più di quanto ci si possa aspettare, tanto da rendere necessaria una limitazione in questa sede. A beneficio dei contemporanei disusi alla lettura della Bibbia, è innanzitutto necessario illustrare alcune peculiarità di questi testi così come del rapporto dei teologi con essi: in primo luogo è importante ricordare che la Bibbia non contiene grandi trattati, bensì da un lato brevi racconti di episodi importanti a livello storico-salvifico, e dall'altro lato narrazioni ridondanti e spesso confuse. Gli esegeti, a loro volta, di regola citano o discutono solo alcuni principi da loro ritenuti fondamentali, addirittura solo parti di essi, talvolta decontestualizzandoli. Per esempio la frase «Hai disposto tutto secondo misura, numero e peso» (*omnia mensura, numero et pondere disposuisti*, Sap 11,21), così importante per la teoria dell'arte e dell'architettura, viene solitamente discussa al di fuori del suo contesto originale.

In questa sede si esaminerà solo come la Bibbia tratta il concetto di ornamento e quali sono state le conseguenze per l'architettura e l'arte.

Il termine «ornamento» (*ornatus*, *ornamentum* o *decor*) compare, oltre che in architettura, anche in altri due contesti: la prima citazione in assoluto si trova al termine della Genesi, «Così furono portati a compimento il cielo e la terra e tutti i loro ornamenti» (*igitur perfecti sunt caeli et terra et omnis ornatus eorum*, Gn 2,1) lasciando così intendere che cielo e terra erano «ornati» da pianeti e astri, pietre, piante e animali, montagne e fiumi, campi, laghi e pianure; gli ornamenti comprendono quasi tutta la natura. Senza questi ornamenti, cielo e terra sarebbero vuoti e desolati.

È indicativa, in tal senso, la miniatura della *Bible moralisée*, raffigurante il Dio Creatore, che delinea il suo «progetto» con l'aiuto di un grande compasso a pavimento, com'era abitudine tra gli architetti prima dello sviluppo dei progetti in scala e del più ridotto compasso manuale del XIII secolo, e come tutt'ora è in uso tra molti carpentieri [→ **FIG. 19**]. Negli antichi testi si parla spesso di *fabrica mundi* e di Dio quale *creator machinae mundi*, *sapiens architectus* e geometra, ma su questo si tornerà più avanti.

19

DIO IL CREATORE

Bible moralisée, XIII secolo, Biblioteca Nazionale Austriaca, Vienna, Cod. 2554.

L'uomo, coronamento della creazione, forgiato ad immagine e somiglianza divina, ha il suo ornamento personale, ovvero l'abbigliamento. Di Giuditta, che si prepara a recarsi dal condottiero assiro Oloferne, si dice: *omnibus ornamentis suis ornavit se* (Idt 10,3), ovvero si tolse l'abito da vedova, si unse

ihre Locken, setzte sich eine Haube auf und schmückte sich mit ihrem gesamten Schmuck. Dieser *conpositio* (!) verlieh Gott Glanz (*Dominus contulit splendorem*), und er vermehrte ihre Schönheit, so dass sie in den Augen aller in unvergleichlicher Zier erschien (*appareret incomparabli decore*, Idt 10,4). Aus dem Kontext wird ersichtlich, dass eine schöne Frau erst durch ihren Schmuck wirklich schön wird, womit außer den Juwelen, Ketten und dem Geschmeide, die Kleidung, die Frisur, das geschminkte Antlitz und der gepflegte Körper gemeint ist. Der Schmuck ist also etwas Wesentliches, nicht etwas Beiläufiges oder gar Entbehrliches und Sündhaftes. Ähnliches findet sich in der Geschichte der Esther (Est 2,7).

Diese beiden Begriffsanwendungen geben uns den Schlüssel zum eigentümlichen und uns so fremden Verständnis des Ornaments im Alten Europa. Über die Vorstellungen von Kleidung, die diese Texte offenbaren, will ich mich nicht näher äußern.

Wichtiger ist, dass man die Natur – durchaus im Gegensatz zur Moderne – als Schmuck (*ornatus*) verstand und auf eine Ebene mit der künstlerischen Betätigung des Menschen brachte. Das erklärt die Blumengründe und die seitlichen Ranken mittelalterlicher Miniaturen, die belaubten Kapitelle, blattbesetzten Rahmen, die Pflanzenwelt in der Baukunst und vieles andere mehr. Heute dagegen werden selbst in wissenschaftlichen Publikationen Bilder ohne ihren Rahmen und deren Ornamentik abgebildet, Skulpturen ohne ihre Baldachine und Konsolen oder Initialen ohne ihr Rankenwerk. Im Mittelalter aber waren gerade diese Teile der Kunst- und Bauwerke wichtig. Genau besehen prägt die Dominanz des Ornamentalen in erheblichem Maße den Figurenstil. Wie anders sollte man den Faltenüberschwang einer spätgotischen Madonna verstehen? Das erklärt aber auch den ornamentalen Charakter so vieler mittelalterlicher Naturdarstellungen. Dann versteht sich auch besser, warum eines der ältesten Landschaftsbilder, die Illustration der Carmina Burana aus dem frühen 13. Jahrhundert, Teppichen gleicht [→ ABB. 20].

20
FRÜHLINGSLANDSCHAFT
Carmina Burana, um 1230, Bayerische Staatsbibliothek, München, Clm 4660.

Der Begriff des *ornatus* in der Architektur bezieht sich nicht nur auf das schmückende Beiwerk am Bau, wie zum Beispiel die Zierfriese, sondern auf die Ausstattung und die architektonische Ausgestaltung insgesamt: Die Säulen und Dienste, die Kapitelle und Basen, die Portale und Altäre – alles ist Schmuck. Das gilt auch für die Bilder und Skulpturen, die Handschriften und liturgischen Geräte. Liest man die liturgischen Traktate dieser Zeit, so fällt fast die gesamte Ausstattung des Kirchenbaus unter den Oberbegriff Zierat, selbst die Zinnen auf dem Dach. Was wir Architektur nennen, geht beinahe im Begriff des *ornatus* auf. Es gibt genau besehen in der Bibel

con l'olio più prezioso, indossò il suo abito più bello insieme ai sandali, sistemò i riccioli, calzò un copricapo e si adornò con tutti i suoi gioielli. A questa *conpositio* (!), Dio donò splendore (*Dominus contulit splendorem*), aumentandone la bellezza in modo tale che, agli occhi di tutti, apparisse di un'incomparabile grazia (*appareret incomparabli decore*, Gdt 10,4). Dal contesto si evince che una donna diventa davvero bella solo grazie ai suoi ornamenti i quali, oltre a gioielli, catene e monili, comprendono anche abiti, acconciatura, volto truccato e corpo curato. L'ornamento è quindi qualcosa di essenziale, non occasionale o addirittura superfluo e peccaminoso. Un passaggio analogo si ritrova nella storia di Ester (Est 2,7).

Queste due interpretazioni ci forniscono la chiave per comprendere il concetto di ornamento proprio dell'Europa antica, divenuto a noi così estraneo. Non intendo, invece, dilungarmi oltre sulla rappresentazione dell'abbigliamento che questi testi rivelano.

Molto più importante è il ruolo della natura, interpretata come ornamento (*ornatus*) e posta, in opposizione alla concezione moderna, sullo stesso piano dell'attività artistica dell'uomo. Ciò spiega lo sfondo floreale e i viticci laterali delle miniature medievali, i capitelli frondosi, le cornici ricoperte di frasche, il mondo vegetale nell'architettura e molto altro ancora. Oggi, al contrario, anche nelle pubblicazioni scientifiche, i quadri vengono raffigurati senza cornici e ornamenti, le sculture senza baldacchini e modiglioni, le miniature senza i loro viticci. Nel Medioevo erano proprio questi elementi delle opere d'arte e architettoniche ad essere importanti, anzi, la predominanza dell'ornamento determinava in misura significativa lo stile figurativo. Come potrebbe essere spiegata diversamente l'esuberanza di pieghe delle Madonne tardo-gotiche? Ciò chiarisce anche il carattere ornamentale di molte rappresentazioni naturalistiche medievali, aiutandoci a comprendere come mai una delle più antiche raffigurazioni paesaggistiche, l'illustrazione dei Carmina Burana del primo XIII secolo, ricordi un tappeto **[→ FIG. 20]**.

Il concetto di *ornatus* nell'architettura non è solo riferito agli accessori ornamentali della costruzione, come i fregi decorativi, ma piuttosto all'allestimento e alla realizzazione edile nel suo complesso: colonne e mezze colonnine, capitelli e basamenti, portali e altari – tutto è ornamento, al pari di quadri e sculture, manoscritti e strumenti liturgici. Nei trattati liturgici di quest'epoca, quasi tutte le caratteristiche costruttive di una chiesa rientrano nella definizione estensiva di decorazione, persino le merlature sul tetto. Ciò che noi chiamiamo architettura praticamente coincide con il concetto di *ornatus*. Nella

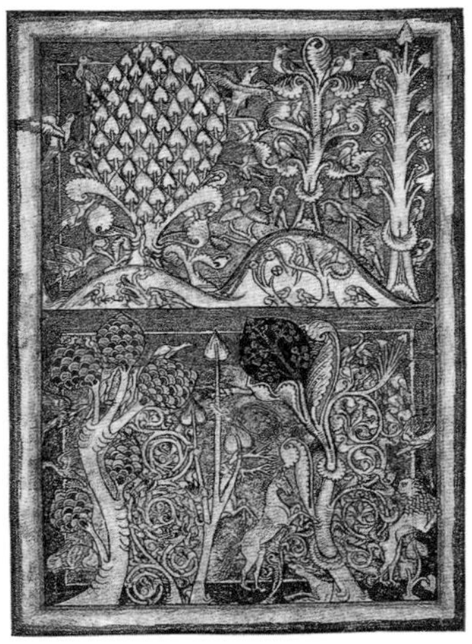

20
PAESAGGIO PRIMAVERILE
Carmina Burana, verso 1230, Biblioteca di Stato, Monaco, Clm 4660.

keine Architekturbeschreibung in unserem Sinne: Von Arkaden, Bogenformen, Emporen, Wandaufriss und ähnlichem ist kaum je die Rede.

Diese ausgreifende Auffassung von Bauschmuck ist eine der puristischen und ornamentfeindlichen Moderne völlig fremde Welt. Die Bewertung eines Werks als ornamental oder dekorativ versteht sich heutzutage immer noch als Tadel; die historische Relativität beziehungsweise Zeitbedingtheit dieser Theorie wird zumindest in der alltäglichen Praxis kaum reflektiert. Das Ornament gilt als nebensächliches oder überflüssiges Beiwerk, das man unbeschadet vernachlässigen darf; ja, für viele ist es schlechthin unkünstlerisch. Unbefangene Betrachtung der mittelalterlichen Kunst zwingt die gegenteilige Beurteilung auf, nämlich dass das Schmücken *die* zentrale künstlerische Aufgabe des Baumeisters, aber auch der anderen Künstler war.

Zum mittelalterlichen Verständnis der Natur gehört, dass alle ihre Bestandteile bis in die kleinste Einzelheit ernst genommen und in möglichst großer Zahl und Variation aufgezählt werden, die Pflanzen, Tiere, Steine, alles ist Gottes Werk und steht gleichberechtigt nebeneinander. Sie sind jedoch, wie alles im Himmel und auf Erden, nach Qualitäten und Rängen hierarchisch geordnet. Die Bibel beachtet durchaus den aus der Rhetorik geläufigen Begriff des *decorum*, der Angemessenheit.

Das Mittelalter verstand die Natur selbst als Künstlerin, die nach Gottes Vorbild Neues schuf, und zwar in größter Fülle, wenn auch minder beseelt als das Menschenwerk. So erklärte man sich die überreichen und manchmal Figuren suggerierenden Marmorierungen einzelner Steinplatten, wie zum Beispiel in der Basilika von San Marco in Venedig, die grotesken Wunderwerke der Erzstufen und der überseeischen Nautilusschnecken. Die Schöpfung ist Teil der natürlichen Offenbarung, des *Buches der Natur*: sie ist – den Titel der Enzyklopädie des Vinzenz von Beauvais zitierend – der *speculum naturale*, die Natur als Spiegel ihres Schöpfers. Zugleich ist die Natur dem Menschen, der ja ein Ebenbild Gottes ist, ein Spiegel seines Wesens und Geschickes, wie es der Hymnus des Alanus ab Insulis (Alain de Lille, † 1202) formuliert: »Die ganze Schöpfung der Welt ist wie ein Buch und ein Gemälde für uns, ein Spiegel unseres Lebens und Todes [...]« (*Omnis mundi creatura quasi liber et pictura nobis est, et speculum nostrae vitae, nostrae mortis [...]*).

Deshalb gilt der Schmuckbegriff der Natur ebenso für das Menschenwerk, die Städte und ihre Bauten mitsamt dem Mobiliar, dazu die Textilien, Goldschmiedewerke und andere von Menschenhand geschaffene Dinge. Sie sind Zeugnisse der von dem Weltenbaumeister den Menschen gegebenen Fähigkeiten, seines *ingenium*.

Bibbia non si riscontrano descrizioni architettoniche secondo l'accezione moderna: di portici, arcate, matronei o prospetti, praticamente, non v'è traccia.

Questa concezione estensiva di ornamento architettonico è un universo completamente estraneo all'epoca moderna, così purista e avversa all'ornamento. Giudicare un'opera ornamentale o decorativa, oggigiorno, assume una connotazione negativa: la relatività storica di questa teoria non si riflette quasi per nulla nella prassi quotidiana. L'ornamento è considerato un accessorio superfluo e trascurabile, addirittura per molti anti-artistico per antonomasia. Invece l'osservazione dell'arte medievale libera da pregiudizi porta necessariamente al giudizio opposto: l'ornamento era *il* compito artistico centrale dell'architetto e dei altri artisti.

Fa parte della comprensione medievale della natura la considerazione di tutti i suoi singoli elementi nel più piccolo dettaglio, elencati in quantità e varianti più ampie possibili: piante, animali, pietre – ogni cosa è opera divina e, pertanto, ha pari diritti d'esistere e, come tutto ciò che si trova in cielo e in terra, è ordinato gerarchicamente in base a qualità e rango. La Bibbia rispetta rigorosamente il *decorum*, ovvero l'adeguatezza, concetto d'uso comune nella retorica.

Il Medioevo riteneva che la natura stessa fosse un'artista, che, seguendo il modello divino, creava in grandi quantità, pur dando alla luce opere meno animate rispetto a quelle umane. Questo dunque spiegava le ricchissime marmorizzature di alcune lastre di pietra, che talvolta suggeriscono figure, come ad esempio a San Marco a Venezia, o le bizzarre forme dei blocchi di minerali metallici o ancora le conchiglie di nautilo d'oltremare. La creazione fa parte della rivelazione naturale e del *libro della natura*: la creazione è, per citare il titolo dell'enciclopedia di Vincenzo di Beauvais, lo *speculum naturale*, ovvero la natura quale specchio del suo creatore. Al tempo stesso, la natura è specchio dell'essenza e del destino dell'uomo, creato appunto ad immagine e somiglianza divina, come formulato nell'inno di Alanus ab Insulis (Alano di Lille, †1202): «l'intera creazione del mondo è, per noi, come un libro e un dipinto, lo specchio della nostra vita e della nostra morte [...]» (*Omnis mundi creatura quasi liber et pictura nobis est, et speculum nostrae vitae, nostrae mortis [...]*).

Per questo, il concetto di ornamento nella natura vale anche per l'opera umana, le città e le sue costruzioni, così come per mobili, tessuti, opere orafe ed altri oggetti creati dalla mano dell'uomo. Questi testimoniano la capacità donata agli uomini del *ingenium*, regalata loro da parte dell'Architetto del mondo.

Nella realizzazione e nella valutazione dell'ornamento, in primo luogo, conta il pregio dei materiali impiegati, quindi la loro abbondanza e dimensione,

Bei der Gestaltung und Beurteilung des Schmucks spielt in erster Linie die Kostbarkeit der verwendeten Materialien eine Rolle, sodann ihre Fülle und Größe, schließlich die Kunstfertigkeit ihrer Ausarbeitung, manchmal ihre Naturnähe oder ihre Rhythmik.

Das Fehlen von Schmuck wurde dagegen als Fehler beziehungsweise als Ausdruck von Armut verstanden, der Verzicht darauf – wie etwa bei den Bettelorden – als bewusste Askese, das heißt als gewollte Entbehrung von etwas eigentlich Selbstverständlichem. Der Begriff Ornament war also viel umfassender und tiefgreifender als heute, folgte aber einer klaren Hierarchie. Das wird bei der Schilderung der Ausstattung von Salomos Tempelbau deutlich. Sie erfährt in der Abfolge von Vorhalle, Tempelraum und Allerheiligstem eine deutliche Steigerung.

Mit der Untersuchung der Begriffe und ihres Gebrauchs allein kommt man jedoch noch nicht zu einem hinreichenden Verständnis der unterschiedlichen Ornamentauffassung. Hier ist es sinnvoll, darauf einzugehen, wie in der Bibel sakrale Gebäude beschrieben werden. Die Mitteilungen über die Ausstattung des Stiftszelts oder die einzelnen Geräte für den Gottesdienst umfassen erheblich mehr Seiten als die Beschreibung des Zeltes und seiner inneren wie äußeren Erscheinung. Wenn bei der Beschreibung des Bundeszeltes der Vorraum behandelt wird, dann ist nur von den vergoldeten Akazienholzbrettern die Rede, nie vom Raum selbst. Kommt der Text dann auf die *Sancta Sanctorum* zu sprechen, das heißt das Allerheiligste, handelt er erst von der Arche, ihrem Altar und seiner Ausstattung und zählt dann die Zahl und die Materialien der Säulen auf. Sie werden als Zierstücke beschrieben, nicht als architektonische Glieder (Ex 26,37 ff., Ex 27,10 ff.). Am wichtigsten an ihnen ist die Kostbarkeit des Materials, Marmor, Gold, Silber und Erz, außerdem die Farben.

Zwei im Vorhof des Tempels aufgestellte eherne Säulen von über zehn Meter Höhe, genannt *Jachin* und *Booz*, können nicht zur Architektur gerechnet werden, denn sie dienen primär als Schmuck des Tempelbezirks.

Allein schon die Tatsache, dass nur die Zahl der Säulen und das Material ihrer Basen und Kapitelle erwähnt werden, nicht aber ihre Gestalt und der Aufbau der Wände oder gar die Gliederung der Räume bezeugt das Verständnis der Bauglieder ausschließlich als Zierat. Genauso bezeichnend ist es, wenn in der Bibel gesagt wird, dass die Zedernvertäfelung so dicht geschlossen war, dass man nirgends ein Stück Mauer sehen konnte (III Reg 6,18). Das wundert umso mehr, weil es an anderer Stelle heißt, König Salomo habe befohlen, für den Bau des Tempels große und kostbare Steine zu besorgen. Einschränkend wird

infine l'abilità con la quale vennero realizzati, talvolta anche la loro naturalezza o la loro ritmica.

Al contrario, l'assenza di ornamenti veniva interpretata come errore o come espressione di povertà. Il rifiuto degli stessi come praticato per esempio da parte dell'ordine dei frati mendicanti veniva inteso come ascesi consapevole, quindi come volontaria rinuncia a qualcosa di scontato. Il concetto di ornamento era molto più ampio e profondo di oggi, ma seguiva una gerarchia precisa. Questo aspetto si manifesta chiaramente nella descrizione dell'allestimento del Tempio di Salomone che, nella sequenza di vestibolo, Luogo Sacro e *Sancta Sanctorum*, sperimenta una netta progressione.

Analizzando solamente i termini e il loro utilizzo non si giunge, però, ad una comprensione sufficiente della differente concezione di ornamento. A questo punto può essere utile approfondire le modalità con cui la Bibbia descriveva gli edifici sacri: le notizie sull'allestimento della Tenda dell'Alleanza o i singoli strumenti per le celebrazioni liturgiche occupano decisamente più pagine rispetto alla descrizione del Tabernacolo stesso e di come apparisse all'interno e all'esterno. Quando, nella descrizione della Tenda dell'Alleanza, viene trattato il vestibolo, si parla solo delle tavole in legno d'acacia dorate, ma mai del locale stesso. Se il testo cita il *Sancta Sanctorum*, tratta innanzitutto dell'arca, del suo altare e della sua dotazione, per passare quindi all'elencazione di numero e materiali con cui erano realizzate le colonne, descritte come elementi decorativi, piuttosto che architettonici (Es 26,37 e segg., es 27,10 e segg.). Gli aspetti più importanti sono, in ogni caso, il valore del materiale (marmo, oro, argento o bronzo che sia), e i colori.

Due colonne bronzee di oltre 10 metri d'altezza, collocate nel portico del Tempio, chiamate *Jachin* e *Boaz*, non possono essere attribuite all'architettura, poiché utilizzate in primo luogo come decorazione dell'area del Tempio.

Solo il fatto che vengano menzionati esclusivamente il numero delle colonne e il materiale dei loro basamenti e capitelli, tacendo sulla loro forma e sulla struttura delle pareti o dell'articolazione dei locali, testimonia la visione dell'epoca, secondo cui gli elementi edili erano considerati esclusivamente alla stregua di ornamenti. Alla stessa maniera è indicativo il fatto che nella Bibbia si dica (III Reg 6,18) che le tavole di cedro del rivestimento erano accostate così strettamente l'una all'altra da non consentire la vista di alcuna parte di muro. Ciò deve sorprendere ancor di più, in quanto in un altro punto si legge che Re Salomone aveva ordinato pietre grandi e preziose per la costruzione del tempio. A titolo limitativo, viene specificato che venivano utilizzate per le fondazioni. Poiché per ordine di Salomone decine di migliaia di operai lavoravano nelle cave

gesagt, sie würden für das Fundament verwendet. Da Salomo zehntausende Arbeiter in die Steinbrüche schickte beziehungsweise für die Quaderfertigung und den Transport abstellte, dürften es Steine von erheblicher Größe gewesen sein. Flavius Josephus schreibt, die Fundamentsteine seien 40 Ellen groß gewesen (je nach Ellenmaß zwischen 18 und 21 Metern), eine Angabe, die angesichts der kolossalen Maße des Tempels von Baalbeck und anderer Monumente Phöniziens durchaus glaubwürdig erscheint. Auf diese Weise wird schon der Sockel zum Ausdruck von Monumentalität.

Die Hinweise über den Aufriss jedoch sind äußerst spärlich. Angegeben werden nur die Maße und die Zahlen der behandelten Bauelemente. Es war wichtiger mitzuteilen, dass der Tempelraum von 45 goldverkleideten Säulen aus Zedernholz getragen wird, als etwas über ihre Anordnung zu sagen. Die Rede ist von vier Umgängen; wo sie sich aber befinden und wie sie sich zueinander verhalten, wird nicht klar. Uns kommt dieses Zählen der Säulen als primitive Form der Architekturanalyse vor. Doch sollte man mit Werturteilen vorsichtig sein, da dahinter eine ganz andere Architekturauffassung steht.

Schon der Pariser Scholastiker Petrus Comestor († 1179) beklagt sich, die Angaben in der Bibel seien zu spärlich. Während für unser archäologisch geschultes Verständnis die Tempelbeschreibung eindeutig von einer Holzbalkendecke spricht, rekonstruiert er ein Gewölbe, bei dessen Vollendung man einen zuvor als Eckstein verworfenen großen Stein als Schlussstein eingesetzt habe. Das ist durch die Brille der eigenen Zeit gesehen, bezeugt aber auch die Missverständlichkeit der biblischen Schilderung. Über das Erscheinungsbild der Säulen wird in der Bibel nur einmal etwas gesagt, wenn der Schmuck eines Kapitells mit Lilien hervorgehoben wird.

Bezeichnend für die Vorstellungen, die man sich im Alten Europa von der salomonischen Architektur- und Ornamentauffassung machte, sind die gewirtelten und kannellierten Marmorsäulen in Sankt Peter in Rom, in deren Kehlen Pflanzen, vor allem Wein, emporranken [→ABB. 21]. Man war der Meinung, sie kämen aus dem Allerheiligsten des Tempels in Jerusalem. Auch wenn das nicht zutrifft, so zielt es doch auf etwas Wesentliches und Richtiges: da ist an erster Stelle die Wertschätzung des kostbaren Materials, eines grünen Marmors, sodann die Umwandlung der tektonischen Struktur in eine spiralige und damit ornamentale Form und nicht zuletzt die zusätzliche Verzierung mit kleinteiligem Blattwerk. Nicht ohne Grund hat sich Bernini ihrer als Vorbild für seine Tabernakelsäulen in Sankt Peter in Rom bedient und damit auch gezeigt, dass er ebenfalls dem biblischen Ornamentbegriff folgt.

21
BALDACHIN UND SALOMONISCHE SÄULEN
Sankt Peter, Rom.

alla costruzione e al trasporto degli enormi parallelepipedi, doveva trattarsi di pietre di dimensioni notevoli. Flavio Giuseppe scrive che le pietre di fondazione misuravano 40 cubiti, ovvero tra i 18 e i 21 metri, a seconda della misura utilizzata; un dato assolutamente plausibile alla luce delle colossali dimensioni del Tempio di Baalbeck e di altri monumenti dei Fenici. In questo modo, già lo zoccolo diventa espressione di monumentalità.

I riferimenti al prospetto sono tuttavia estremamente scarni: vi compaiono solo le dimensioni e il numero degli elementi edili trattati. Era molto più importante riferire che il Tempio fosse sorretto da 45 colonne in legno di cedro, rivestite d'oro, piuttosto che descriverne la disposizione. Si parla qui di quattro ambulacri: dove si trovino e come si relazionino tra di loro non è chiaro. A prima vista questa numerazione delle colonne può sembrare una forma primitiva di analisi architettonica, eppure è meglio essere cauti con i giudizi di valore, poiché si tratta in realtà di una concezione architettonica completamente diversa.

Già lo scolastico parigino Pietro Comestore († 1179) lamentava come i dati riportati dalla Bibbia fossero eccessivamente scarni. Mentre per la nostra chiave di lettura, di impronta archeologica, la descrizione del tempio descrive inequivocabilmente un soffitto a travi in legno, egli ricostruisce una volta per il cui completamento sarebbe stato utilizzato un grosso masso, precedentemente scartato come pietra angolare. Questa lettura, viziata dalla prospettiva dell'epoca, testimonia però anche l'equivocabilità della descrizione biblica. Dell'aspetto delle colonne nella Bibbia si parla una volta sola, per descrivere l'ornamento di un capitello esaltato da gigli.

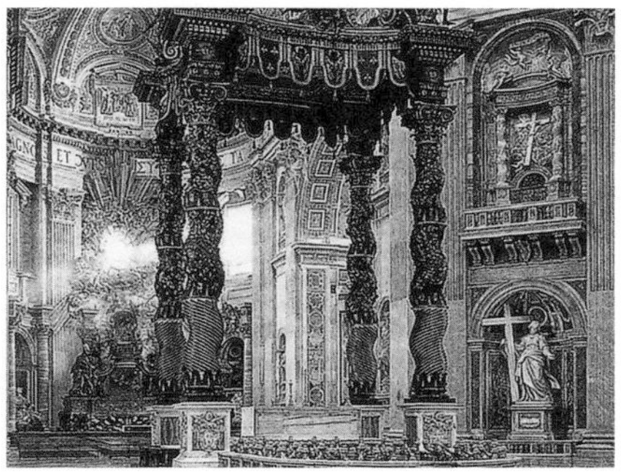

21

BALDACCHINO E COLONNE SALOMONICHE

San Pietro, Roma.

Un chiaro esempio di come venisse interpretata la concezione salomonica dell'architettura e dell'ornamento nell'Europa antica sono le colonne di marmo anulari scanalate di San Pietro a Roma, nelle cui scanalature si arrampicano piante, soprattutto viti [→ FIG. 21]: si riteneva infatti che provenissero dal *Sancta Sanctorum* del Tempio di Gerusalemme. A dispetto del fatto che questo non risulta essere vero, vi si cela comunque qualcosa di essenziale e corretto: in primo luogo, l'apprezzamento del materiale pregiato, il marmo verde, quindi la trasformazione della struttura tettonica in una a forma di spirale e pertanto ornamentale, e non ultimo l'ulteriore decorazione a piccole foglie. Non a caso Bernini se ne servì quale esempio per le colonne tortili del tabernacolo di San Pietro a Roma, testimoniando così di aver seguito anch'egli la concezione biblica dell'ornamento.

Die biblische Architektur- und Ornamentauffassung konnte im Einzelnen kaum Nachahmung im Abendland finden. Dort verfügte man in der Regel weder über so kostbare Hölzer, noch so reiche Vorkommen von Gold und edlen Steinen. Doch wo man es konnte, versuchte man es wenigstens, in Rom und Venedig, aber auch in Saint-Denis. Dass kein zweiter Tempel Salomos dabei entstand, ist allerdings auf die Einwirkung anderer Bautraditionen zurückzuführen, vor allem die spätrömische Arkadenbasilika und Wölbkunst. Aber man übernahm im Mittelalter aus der Bibel, sowohl die Architektur wie die Bildkünste in viel größerem Ausmaß, als wir gewohnt sind, als Schmuck zu begreifen. Es bedarf einer anderen Art von Architekturanalyse, um diesem biblisch fundierten Schmuckbegriff gerecht zu werden.

Komplementär wäre zu untersuchen, wie und wo eigentlich der Purismus und die strenge Trennung von Architektur und Ornament entstanden sind. Die Baumeister der Florentiner Renaissance jedenfalls können nicht dafür verantwortlich gemacht werden. Im 14. und 15. Jahrhundert hat man sich dort vornehmlich an der vermeintlichen Antike des Florentiner Baptisteriums aus dem 11. Jahrhundert orientiert. Veronica Biermann hat sogar für Alberti nachgewiesen, dass auch er Säulen primär als Schmuck verstanden hat. Letztlich ist sein Ornamentbegriff noch mittelalterlich geprägt, was Frau Biermann übersehen hat, und er entspricht keineswegs der heute gängigen reduzierten Ornamentauffassung.

Ich möchte zum Abschluss noch in Form eines Exkurses eine Probe aufs Exempel machen. Ich frage mich, inwieweit das gotische Maßwerk durch die Bibel angeregt ist. Es ist der einzige Ornamentstil, der nicht von der Antike abgeleitet werden kann, und es hat als Fensterglied auch den verschiedenen Renaissancebewegungen widerstanden. Gewiss ist es ein Kind der Formaufgabe Fenster, die in der Lichtarchitektur der Gotik zur zentralen Aufgabe wurde. Doch dies allein erklärt nicht die Entstehung des geometrischen Ornaments.

Daran beteiligt war auch das Bestreben der Baumeister, aus der Beherrschung der freien Kunst der Geometrie einen höheren sozialen Status als den des Steinmetzen zu erlangen, der zu den Vertretern der *artes mechanicae* zählte. Sie gingen sogar so weit, im Zyklus der Sieben Freien Künste im Portalwimperg der Kathedrale von Clermont-Ferrand in die Mitte der Sechspassrosette die Geometrie in Gestalt ihres Hauptvertreters Euklid beim Entwerfen eines gotischen Maßwerks zu setzen [→ ABB. 22]. Sie behauptet hier also den ersten Rang unter den Freien Künsten.

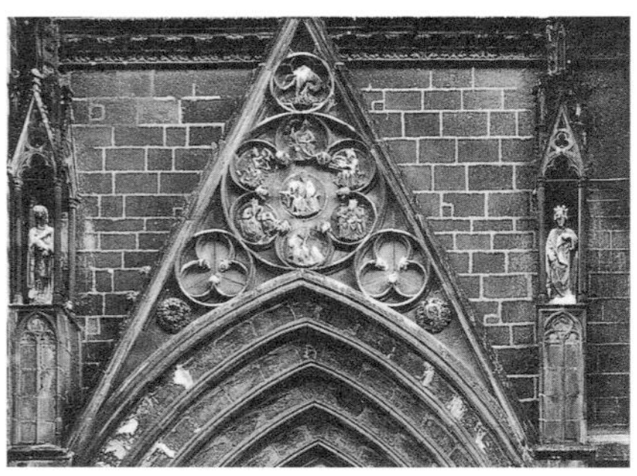

22

DIE SIEBEN FREIEN KÜNSTE

Portalwimperg, Südquerhaus, Kathedrale Clermont-Ferrand.

Hinter der Neuerung des Maßwerks steht mindestens im selben Maße die Wertschätzung der Geometrie in der Bibel und bei

Christian Kathriner

DIE DEMONSTRANTEN

CAM-Tapisserie,
~ 300 × 500 cm, 2009.

I DIMOSTRANTI

Arazzo CAM,
~ 300 × 500 cm, 2009.

THE DEMONSTRATORS

CAM-woven tapestry,
~ 118 × 197 inches, 2009.

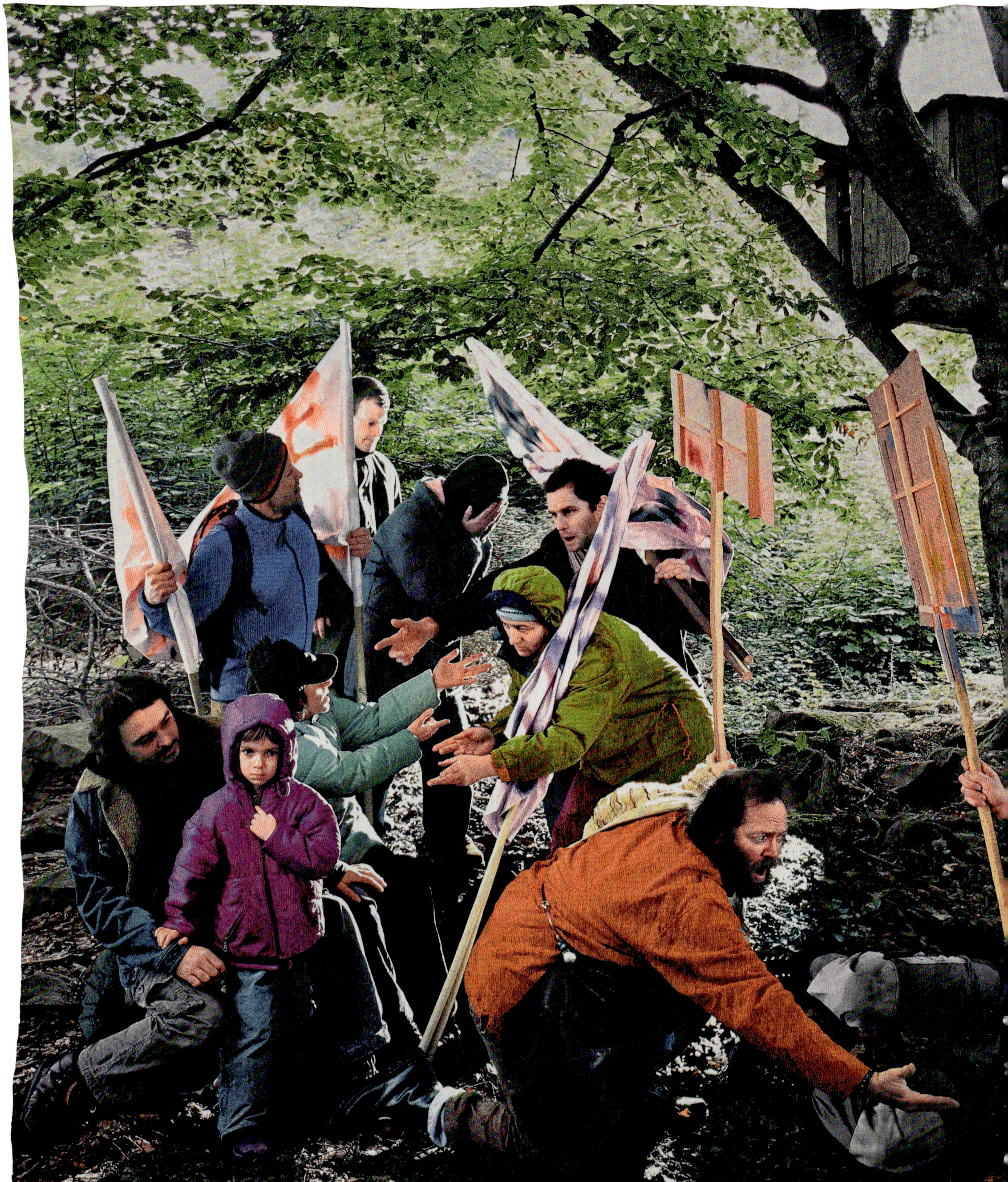

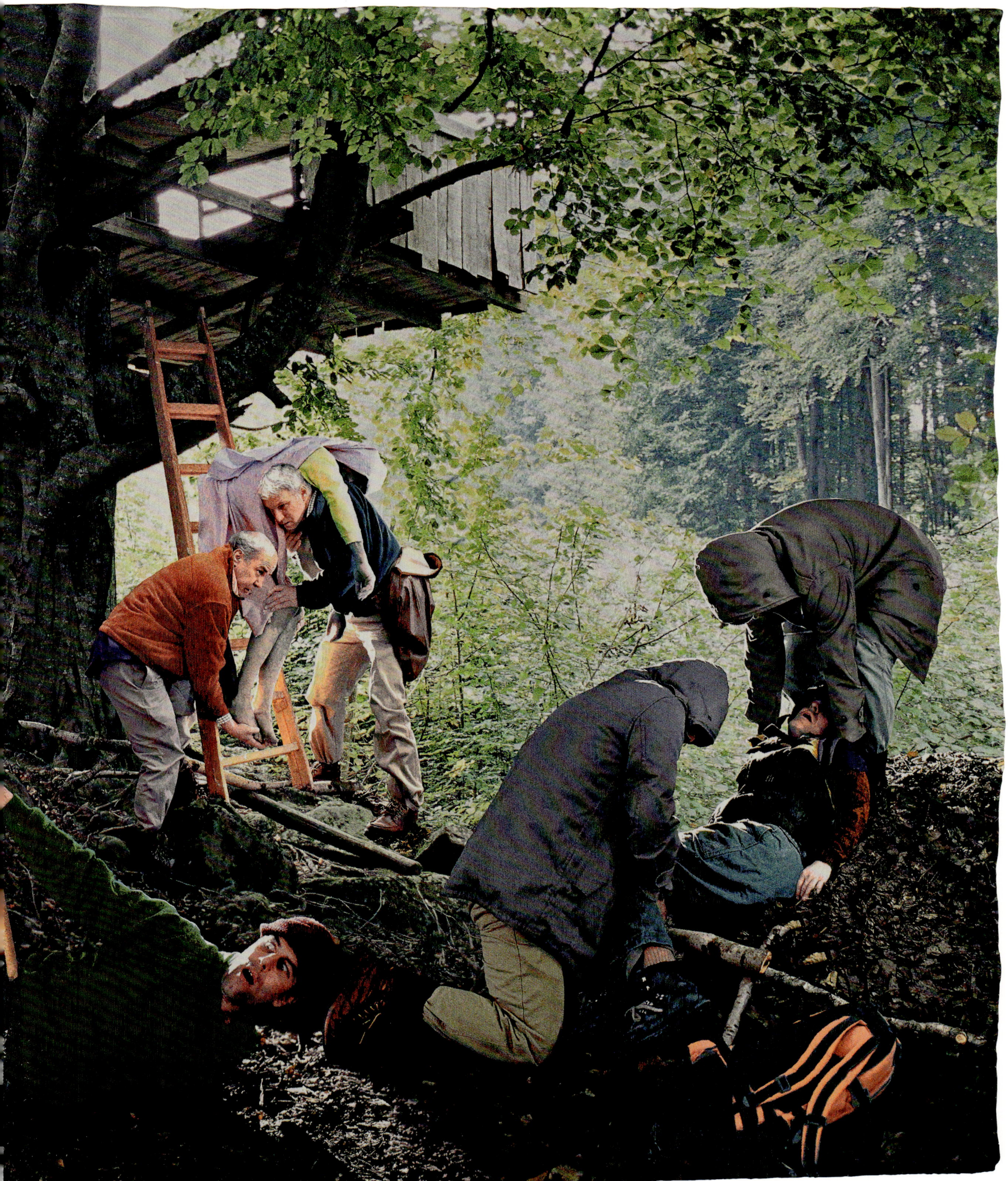

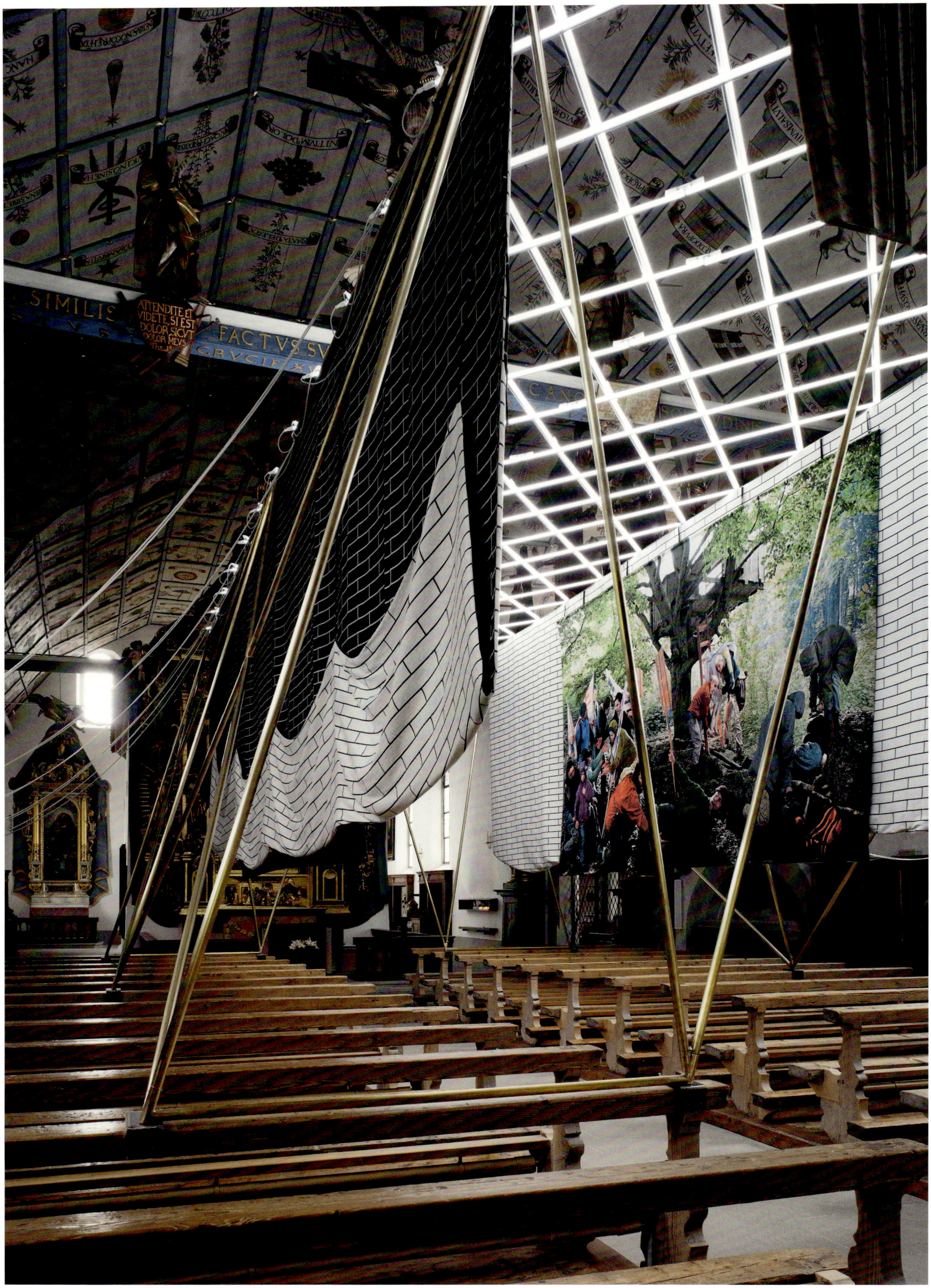
SIMILIS
ATTENDITE ET VIDETE SI EST DOLOR SICUT DOLOR MEUS

Christian Kathriner

DIE SCHLAFENDEN

CAM-Tapisserie,
~ 300 × 500 cm, 2009.

I DORMIENTI

Arazzo CAM,
~ 300 × 500 cm, 2009.

THE SLEEPING

CAM-woven tapestry,
~ 118 × 197 inches, 2009.

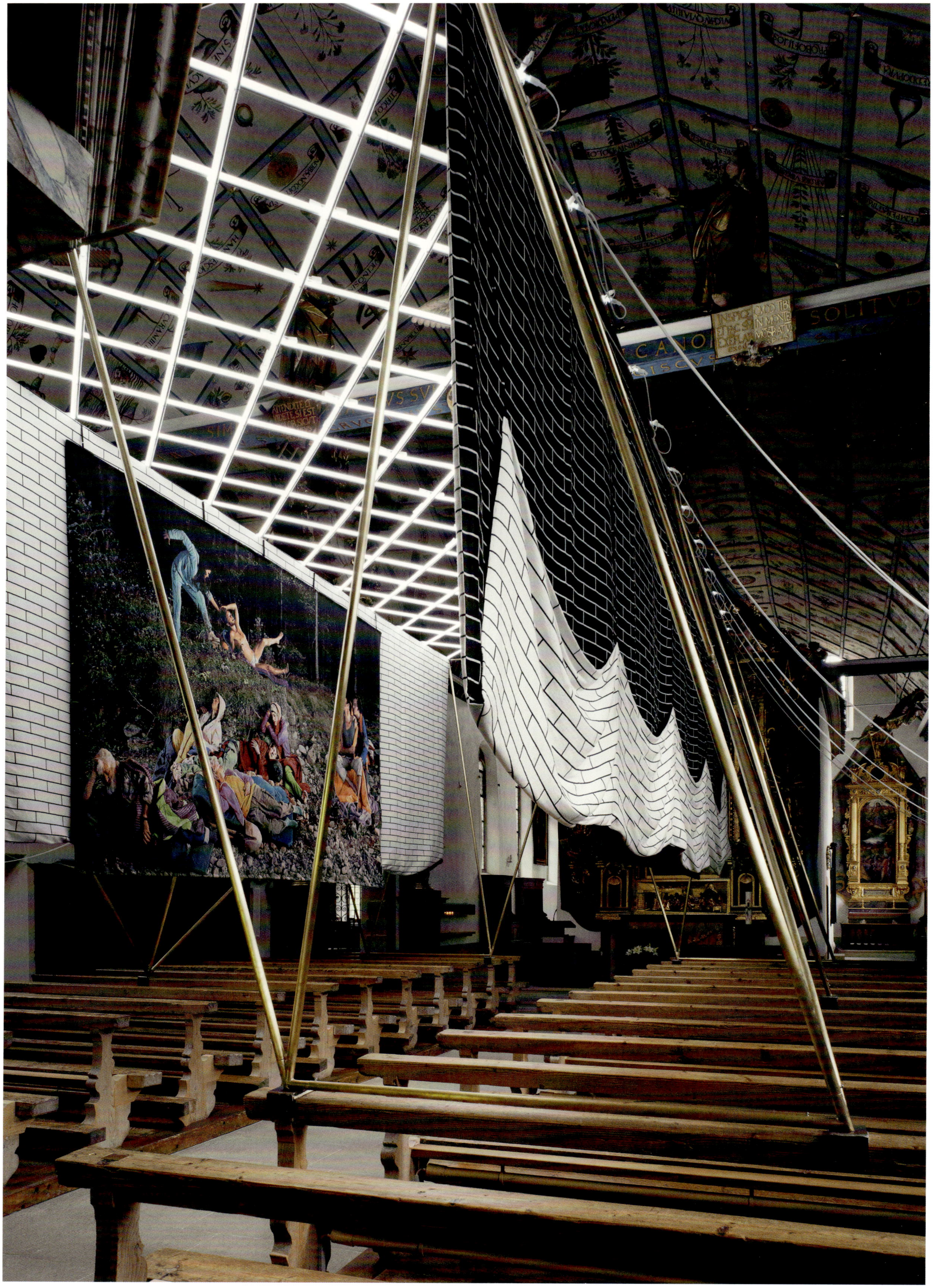

Nel dettaglio, la concezione dell'architettura e dell'ornamento non ha trovato quasi imitatori nell'Occidente, dove di regola non si disponeva né di legni pregiati, né di così ricchi giacimenti d'oro o di altre pietre preziose. Tuttavia, ove possibile si cercò di farlo, come a Roma e Venezia, ma anche a Saint-Denis. Che non sia stato realizzato un secondo Tempio di Salomone dipende, però, dall'influsso di altre tradizioni architettoniche, soprattutto di quella legata alle basiliche a portico di epoca tardo romana e all'arte delle volte. Eppure, nel Medioevo, dalla Bibbia si apprese a considerare l'ornamento, sia nell'architettura sia nelle arti figurative, in misura ancora maggiore rispetto a quanto siamo abituati: dare una risposta adeguata a questo concetto di ornamento con fondamenti biblici richiede un altro tipo di analisi architettonica.

A livello complementare sarebbe da analizzare in che misura e dove sono nati il purismo e la rigida divisone tra architettura e ornamento. In ogni caso, ciò non può essere imputato agli architetti del Rinascimento fiorentino, che nel XIV e nel XV secolo si orientavano prevalentemente alla presunta antichità del Battistero di Firenze del XI secolo. Veronica Biermann è addirittura riuscita a dimostrare che persino Alberti considerava le colonne, in primo luogo, come ornamento. In fin dei conti la sua concezione dell'ornamento presentava ancora un carattere medievale, un aspetto che la signora Biermann ha trascurato, e non corrispondeva affatto alla concezione riduttiva dell'ornamento imperante oggi.

Come conclusione, desidero fare un excursus presentando un altro esempio: mi chiedo in quale misura il traforo gotico traesse ispirazione dalla Bibbia. Si tratta dell'unico stile ornamentale che non può essere derivato dall'antichità e che, in quanto elemento della finestra, ha resistito anche ai diversi movimenti rinascimentali. Certamente è una derivazione del «compito formale» della finestra che, nella luminosa architettura gotica, ha ottenuto una funzione primaria. Ciò da solo non spiega, tuttavia, la nascita dell'ornamento geometrico.

Sicuramente svolse un ruolo importante lo sforzo degli architetti di servirsi dell'arte liberale della geometria per la conquista di uno status più elevato rispetto a quello dei semplici scalpellini, rappresentanti delle *artes mechanicae*. Arrivarono persino a tal punto da inserire la geometria, nella forma del ritratto del suo principale esponente, Euclide, intento alla progettazione di un traforo gotico [→ FIG. 22], nel ciclo delle sette Arti liberali raffigurate nella ghimberga del portale della cattedrale di Clermont-Ferrand, al centro della rosetta a sei petali, affermandone così il ruolo primario tra le Arti liberali.

22
LE SETTE ARTI LIBERALI
Ghimberga del portale, transetto meridionale, Cattedrale Clermont-Ferrand.

L'innovazione del traforo si basa in almeno pari misura sulla considerazione della geometria nella Bibbia come da parte dei teologi del XII

Theologen des 12. und 13. Jahrhunderts. Hier ist noch einmal auf den oben erwähnten Satz: »Du hast alles nach Zahl, Maß und Gewicht geordnet« und die historischen Zusammenhänge seiner Rezeption zurückzukommen. Dabei gehört die Zahl zur Arithmetik, das Gewicht zur Musik, das Maß aber zur Geometrie. Man verstand die Geometrie als Mutter der Schönheit und sah in Gott den großen Baumeister und Geometer, der die Welt als Kunstwerk nach den Regeln der Freien Künste schuf. Nicolaus Cusanus schreibt, dass Gott bei der Schöpfung die gleichen Künste angewandt habe, die auch der Mensch bei seiner Erforschung der Natur und bei der Schaffung seiner Kunst- und Bauwerke verwende. Insofern darf man das geometrische Maßwerk als eine Gottes Schöpfungswerk besonders nahestehende Ornamentform bezeichnen, jedenfalls von höherem Rang als die pflanzliche Ornamentik. Das wird schon daran erkennbar, dass das Blattwerk der Kapitelle und Schlusssteine nach geometrischen Prinzipien geordnet und gestaltet ist [→ ABB. 23].

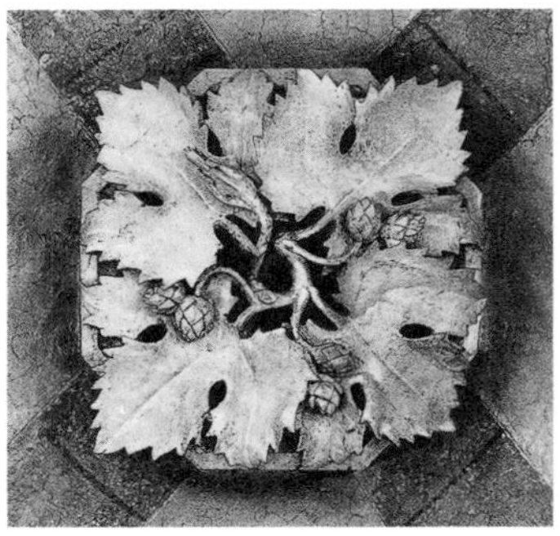

23

SCHLUSSSTEIN

Mittelschiff, Dom in Naumburg.

Das Maßwerk entspricht auf perfekte Weise dem mittelalterlichen Schmuckbegriff: Es kann monumental und ornamental sein. Es kann zum tektonischen Glied werden und bleibt doch in jedem Fall Zierat. Es spiegelt eine eigene Wirklichkeit und ist doch Ergebnis einer Erfindung, ja, der Fantasie. Hierarchien sind mit diesen Ornamentformen leicht darzustellen. Es kommen jedoch auch die Zahlen ins Spiel, hat doch das Maßwerk überhaupt eine zahlensymbolische Komponente. Die hierarchische Staffelung erfolgt durch ein Mehr oder Weniger der gewählten Zahl der Pässe sowie insbesondere durch die Vermehrung des Formenreichtums beziehungsweise die Hereinnahme neuer Motive.

Inwiefern gotische Architektur als Schmuck zu verstehen ist, lässt sich am Aufriss der Amienser Kathedrale zeigen [→ ABB. 24 / 25]. Der Entwurf versucht, zwei Tendenzen auszubalancieren: Erstens die Bereicherung der Formen zum Allerheiligsten hin und zweitens die Darstellung der Bewegung von unten nach oben, zugleich Ausdruck des *sursum corda* wie des Höhenzugs zum Gewölbehimmel. Alle Bauglieder werden in sorgfältiger Stufung von Stockwerk zu Stockwerk feingliedriger und untektonischer. Sie sind auf jeweils unterschiedliche Weise zugleich tragend, rahmend und schmückend sowie gelegentlich auch ausdrucksvoll. Der Ausgangspunkt des Systems ist das Ziborium oder der Baldachin, eine damals schon durch eine über tausendjährige Tradition geheiligte Würdeform und doch zugleich durch das Vorbild des Tabernakelbaldachins eine sowohl tektonische wie im höchsten Grade schmückende

24

AUFRISS VON LANGHAUS UND CHOR

Kathedrale, Amiens.

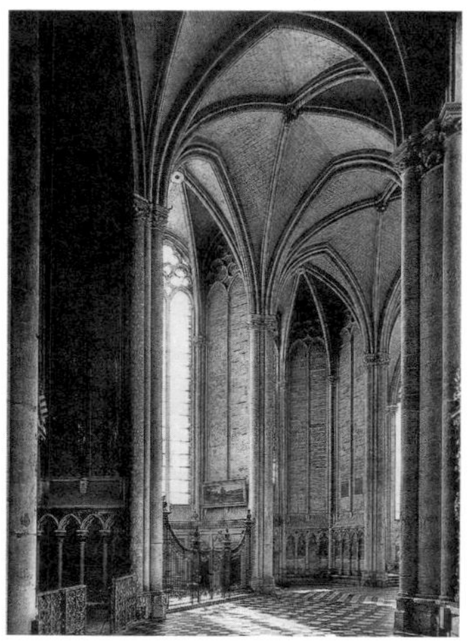

25

AUS DEM NÖRDLICHEN CHORUMGANG

Kathedrale, Amiens.

e XIII secolo. A questo punto è necessario tornare, per un attimo, alla frase citata in precedenza: «Hai disposto tutto secondo misura, numero e peso» e al contesto storico della sua ricezione, tenendo presente che i numeri fanno parte dell'aritmetica, i pesi della musica, ma le misure della geometria. Quest'ultima veniva considerata la madre della bellezza, e Dio il grande architetto e geometra che aveva creato il mondo quale opera d'arte secondo le regole delle Arti Liberali. Nicolò Cusano scrive che, durante la creazione, Dio avrebbe applicato le stesse arti che l'uomo impiega nella scoperta della natura e nella realizzazione delle proprie opere d'arte e architettoniche. In tal senso, il traforo geometrico può essere definito come una forma ornamentale vicina ad un'opera di creazione divina, da considerarsi in ogni caso superiore rispetto all'ornamentazione ispirata al mondo vegetale. Ciò è riconoscibile già dal fatto che il fogliame dei capitelli e delle chiavi di volta è realizzato e disposto secondo principi geometrici [→ FIG. 23].

23

CHIAVE DI VOLTA

Navata centrale, Duomo di Naumburg.

Il traforo corrisponde perfettamente alla concezione medievale dell'ornamento: può essere monumentale e ornamentale, può divenire elemento tettonico e, tuttavia, restare sempre ornamento; riflette una propria realtà e resta al tempo stesso il risultato di un'invenzione, di un atto di fantasia. Con queste forme ornamentali è facile rappresentare gerarchie: anche i numeri entrano in gioco, come evidenziato dalla componente di simbologia numerica del traforo. La differenziazione gerarchica avviene attraverso la scelta del numero dei petali, ma anche attraverso la graduazione, in particolare la moltiplicazione della ricchezza delle forme o l'introduzione di nuovi motivi.

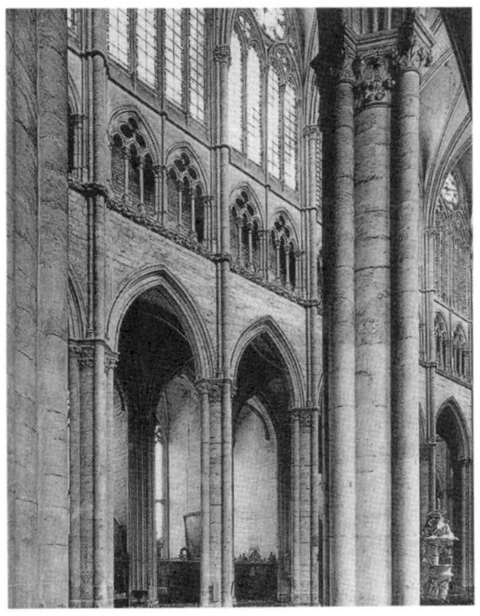

24

PROSPETTO DI NAVATE E CORO

Cattedrale, Amiens.

Il prospetto della cattedrale di Amiens [→ FIGG. 24 / 25] sottolinea in particolar misura come l'architettura gotica possa essere interpretata come ornamento. Il progetto cerca di bilanciare due tendenze: innanzitutto, l'arricchimento delle forme verso la santità, e, in secondo luogo, la raffigurazione del movimento dal basso verso l'alto, al tempo stesso espressione del *sursum corda*, come di un'ascesa verso la volta celeste. Con il progredire dei livelli, tutti gli elementi architettonici diventano sempre più delicati e, in maniera accuratamente differenziata, sottotettonici. Al tempo stesso, ma con differenti modalità, tutti gli elementi sono portanti, incornicianti e decorativi, occasionalmente anche espressivi. Il punto di partenza del sistema è il ciborio o il baldacchino, una forma di devozione santificata, già allora, da una tradizione più che millenaria e, tuttavia, al tempo stesso tettonica così come massima espressione ornamentale, a causa dell'esempio del tabernacolo-baldacchino.

25

DALL'AMBULACRO SETTENTRIONALE DEL CORO

Cattedrale, Amiens.

Form. Man kann am Amienser Aufriss nicht feststellen, wo das Tektonische der Form endet und wo der Schmuckcharakter beginnt, denn die Übergänge sind fließend.

Das Maßwerk ist ein wesentlicher Bestandteil dieser Komposition; man kann sie gar nicht beschreiben, ohne es zu berücksichtigen und umgekehrt. Und selbst die Blattornamentik der Kapitelle folgt sorgfältig der Gliederung, was hier nicht bis ins Detail gezeigt werden soll. Mit anderen Worten, die Betrachtung der Architektur bestätigt die Analyse der biblischen Quellen: Es ist unmöglich, den Zierat von der Architektur zu trennen. Deshalb hat die Bauanalyse mit der des *ornatus* in eins zu gehen.

Es ist kaum nötig festzustellen, dass der Unterschied zur Tempelbaukunst der Griechen und deren Auffassung von Bauzier größer gar nicht sein könnte.

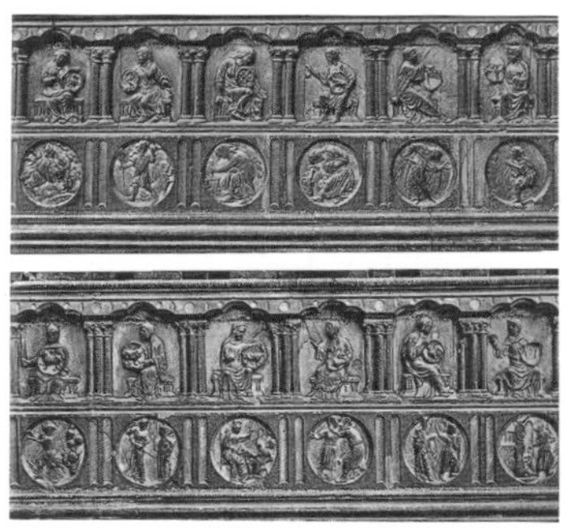

26

TUGENDEN UND LASTER

Mittelportal der Westfassade, Notre-Dame, Paris.

Ein schönes Beispiel dafür, wie in der Gotik Ornament, Architektur und Skulptur ineinander greifen, ist der Fries mit den Personifikationen der Tugenden und Laster am mittleren Westportal von Notre-Dame in Paris [→ ABB. 26]. Während die Tugenden majestätisch thronen und plastisch vorstehen, würdig gerahmt von einer Dreipassarkade und Dreierdienstbündeln, wird den Exempeln der Laster statt der plastisch hervortretenden eine negative, gekehlte Form gegeben. Diese Formen sind nicht architektonisch, denn sie haben weder Basen noch Kapitelle – auch sind es keine Säulen, sondern Negationen von Säulen. Sie wollen zeigen, dass sie nicht schmücken, sondern wegnehmen und damit strafen. Sie sind in hohem Maße Bedeutungsträger und Gestaltungsmittel und fallen damit aus den herkömmlichen Kategorien der Ornamentik heraus. Doch beförderte diese Vermengung der Gattungen die Möglichkeiten der Kunst.

Ein entscheidender Unterschied zwischen der mittelalterlichen und der modernen Ornamentauffassung ist, dass hierbei monumentale Säulen mit kleinformatigen Verzierungen auf einen Nenner gebracht werden können. Das hat Folgen für die Zierkunst, zu der wir kaum Analogien aus der Antike kennen. Da die Architektur der gotischen Kathedralen zu einem wesentlichen Teil zum Schmuck gerechnet wurde, war die Voraussetzung für ihre Verwendung zur Dekoration der Bücher und aller Gattungen der Bildenden Künste gegeben [→ ABB. 27]. Daraus entstehen ganz neue Typen architektonisierten Schmucks, so etwa der Figurenbaldachin und die entsprechenden Konsolen an den Portalen und anderenorts am Kirchenbau, ebenso die Fialen und Wimperge. Ebenso wären die Sakramentshäuser und Monstranzen sowie viele andere Gerätschaften zu nennen. So wie in den

27

NOAH SCHICKT DIE TAUBE AUS

Psalter des Heiligen Ludwig, zwischen 1258 und 1270, Nationalbibliothek, Paris.

Sul prospetto della cattedrale di Amiens è impossibile stabilire dove finisca l'aspetto tettonico della forma e dove abbia inizio il suo carattere ornamentale.

Il traforo è un elemento essenziale di questa composizione, la quale è impossibile da descrivere senza tenerne conto e viceversa. La stessa ornamentazione delle foglie dei capitelli segue accuratamente la strutturazione architettonica, che in questa sede non può venir illustrata nel dettaglio. In altre parole, l'osservazione dell'architettura conferma l'analisi delle fonti bibliche: è impossibile separare la decorazione dall'architettura, motivo per cui l'analisi architettonica e quella dell'*ornatus* finiscono per fondersi.

È quasi superfluo sottolineare, a questo punto, l'abissale differenza con l'architettura templare degli antichi Greci e con la loro concezione architettonica di ornamento.

Un ottimo esempio di come, in epoca gotica, siano labili i confini fra ornamento, architettura e scultura è rappresentato dal fregio con le personificazioni delle virtù e dei vizi, sul portale centrale del lato occidentale di Notre-Dame a Parigi [→ FIG. 26]. Mentre le prime troneggiano maestose e si ergono plastiche, degnamente incorniciate da un'arcata a tre punte e da fasci di tre mezze colonnine, le personificazioni dei vizi presentano una forma concava, anziché plastica e convessa. Queste forme non sono architettoniche, in quanto non possiedono né basamento né capitello; non sono neppure colonne, bensì la loro negazione: vogliono far intendere che non hanno funzione ornamentale, ma sottrattiva e pertanto punitiva. Sono al tempo stesso elementi semantici e strumenti di espressione artistica, svincolandosi così dalle tradizionali categorie dell'ornamentazione. Ma è proprio questa incorporazione di generi ad aver ampliato le possibilità dell'arte.

26
VIRTÙ E VIZI
Portale centrale e facciata occidentale, Notre-Dame, Parigi.

Una distinzione decisiva tra la concezione medievale e quella moderna dell'ornamento consiste nella considerazione della similitudine tra colonne monumentali e decorazioni di piccola dimensione. Ciò comporta alcune conseguenze per quest'arte decorativa, per la quale non sono praticamente note analogie nell'era antica: poiché l'architettura delle cattedrali gotiche, per una parte essenziale, veniva attribuita all'ornamento, erano poste le condizioni per il suo impiego nella decorazione di libri e in tutti i generi delle arti figurative [→ FIG. 27]. Da ciò hanno origine tipologie completamente nuove di ornamento di stampo architettonico, come i baldacchini decorati da figure e i relativi modiglioni utilizzati in portali e altrove nella costruzione di chiese, oltre a pinnacoli e ghimberghe. Allo stesso modo, sarebbero da citare i tabernacoli e gli ostensori, nonché molti strumenti liturgici. Così come nelle immagini la prospettiva

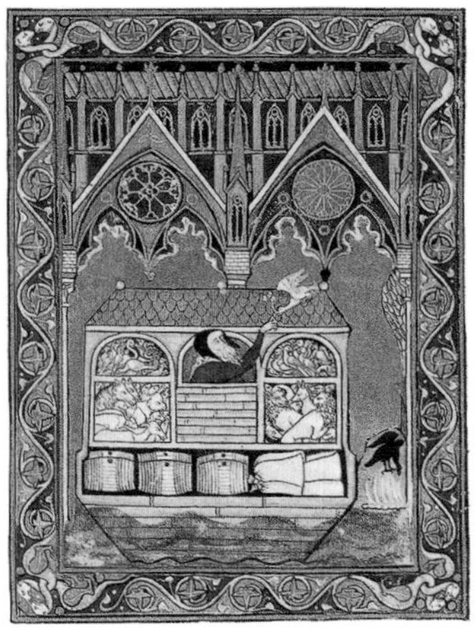

27
NOÈ INVIA LA COLOMBA
Salterio di San Luigi, fra 1258 e 1270, Biblioteca Nazionale, Parigi.

Bildern die Fern- und Weitsicht auf die Weltlandschaft ergänzt wird durch die Nahsicht auf die Pflanzen- und Tierwelt, die sich, wie schon das Wort besagt, ebenfalls als eine Welt versteht, so stehen die tektonischen Gliederungen in Relation zur kleinteiligen Bauzier. Im Grunde handelt es sich dabei um Modernisierungen der alten komplementären Begriffspaare der Weltanschauung, *Makrokosmos* und *Mikrokosmos*. Thematisiert wird in diesen Bildern die Wesensverwandtschaft des unendlich Großen und des unendlich Kleinen. Das demonstriert, entsprechend der glücklichen Formulierung des Kardinals Nikolaus Cusanus, die *coincidentia oppositorum*, das Zusammenfallen der Gegensätze in Gott.

Diese Ornamentauffassung hat sich im Wesentlichen – zumindest in Süddeutschland – bis ins 18. Jahrhundert erhalten. Es hat den Anschein, als wäre sie erst dann verkümmert, als die Vorstellungen von Hierarchie und Repräsentation, die mit dem alten Begriff des Schmuckes verbunden sind, endgültig mit der französischen Revolution umgestürzt wurden.

viene spesso integrata da rappresentazioni in primo piano tratte dal mondo vegetale e animale che, come lo stesso nome ci rivela, costituisce un universo a se stante, così le articolazioni tettoniche sono poste in relazione alle decorazioni architettoniche di piccole dimensioni. In fondo, si tratta di una modernizzazione delle vecchie coppie di concetti, relativi alla visione del mondo, ovvero del *microcosmo* e *macrocosmo*. In queste immagini viene tematizzata l'affinità d'indole dell'infinitamente grande e dell'infinitamente piccolo – quella che il cardinale Nicola Cusano definisce felicemente la *coincidentia oppositorum*, ovvero la coincidenza degli opposti in Dio.

Questa concezione di ornamento fondamentalmente rimase attuale, perlomeno nella Germania meridionale, fino al XVIII secolo. E pare declinare e scomparire solo quando i concetti di gerarchia e rappresentazione, così strettamente collegati al vecchio concetto di ornamento, furono definitivamente spazzati via dalla Rivoluzione francese.

Birgit Szepanski

VORAB

Einen Text zu einem Kunstwerk zu schreiben bedeutet, dass man das Kunstwerk beschreibt, ihm im Schreiben, im Wortumkleiden und gedanklichen Erfassen Konturen verleiht – bestenfalls legt man eine Brennweite, eine Perspektive an, mit der der Leser und Betrachter das Kunstwerk ansehen kann. Das Nachvollziehen, das Vorstellenkönnen anhand von Abbildungen, Werkangaben, den aufgelisteten Größenverhältnissen und das Nachstellen, Formen einer Betrachterperspektive, eines *in den Augen des Betrachters* sind im gelungensten Fall Gehalt und Funktion eines Textes zur Kunst. Reproduziert wird hierbei eine Betrachtersituation. Abbildungen, Titel, Werkangaben geben einen Überblick, evozieren ein Seitenblättern – das Gehen um das Kunstwerk, das Stehen in einem Raum, die Blicke und Blickachsen werden durch Wort und Bild inszeniert, im eindimensionalen Maßstab des Buches produziert.

In den Händen gehalten, auf einem Tisch oder auf Knien liegend ist diese Publikation ein Sichtfenster auf das Kunstwerk, den Raum und Ort, an dem es gezeigt wurde. Im Format Buch – dem transportablen und immer wieder auffaltbaren Medium – ist das Zusammengestellte auch eine Art bewegliche Wissensansammlung über das Kunstwerk und das Handeln des Künstlers, der das Sehen, das Betrachten und das potenzielle Betrachten des Kunstwerkes transferiert.

Dieser Text ist eine Notation zum Kunstwerk. Eine Notiz filtert Punkte, Details heraus, sie gibt Vorinformationen, ist so zusagen ein *Vorab*. Sie soll das Zeitliche, das *vor einem Werk stehen* auffalten. So, als ob das Kunstwerk im Akt des Prozesses verweilt, es in dem Präfix *Vor* sein eigentliches Potenzial entwickelt, denn – so die Annahme der Autorin dieses Textes –

PRELUDIO

Scrivere un testo su un'opera d'arte significa descriverla e scrivendo, rivestendola di parole, cogliendone gli aspetti concettuali, tracciarne i contorni. Nel migliore dei casi viene eretta una distanza focale, una prospettiva che permetta al lettore e all'osservatore di guardare l'opera d'arte. Far sì che il lettore riesca a comprendere e ad immaginarsi l'opera grazie a riproduzioni fotografiche, ad informazioni sull'opera e sulle sue proporzioni. Al contempo riprodurre, plasmare una prospettiva da osservatore, *nell'occhio dell'osservatore*, è ciò che costituisce, nei casi più riusciti, la funzione e il contenuto di un testo sull'arte. In tal modo viene riprodotta la situazione di chi osserva. Le immagini, il titolo e le informazioni sull'opera offrono una visione d'insieme, evocano lo sfogliare delle pagine, mentre il camminare intorno all'opera d'arte, l'indugiare nello spazio, gli sguardi e gli scorci sono messi in scena da parole ed immagini, prodotti nei parametri unidimensionali del libro.

Che la si tenga in mano, la si appoggi sulle ginocchia o su di un tavolo, questa pubblicazione è un lucernario sull'opera d'arte, sullo spazio e sul luogo in cui è stata esposta. In forma di libro – un medium che può essere trasportato, aperto e chiuso a piacere – questo scritto è altresì una specie di concentrato mobile del sapere che si ha sull'opera d'arte e sul modo di agire dell'artista, il quale vi trasferisce ciò che ha visto, ciò che ha osservato e ciò che potenzialmente si potrebbe vedere dell'opera d'arte.

Questo testo è una notazione sull'opera d'arte. Una notizia filtra punti e dettagli, offre informazioni a priori, è per così dire un *preludio*. Deve manifestare la temporalità che è presente *prima* di un'opera. È come se l'opera indugiasse nell'atto

dieses verschiedenartige und immer neu zu bestimmende, konjugierbare *Vor* verhandelt das Kunstwerk, in diesem Fall die Installation Christian Kathriners und Davide Cascios.

Das Präfix *Vor* ist zeitlich und räumlich bestimmbar, es leitet etwas ein und schafft unterschiedliche Zeit- und Raumtopologien – eine Vorgeschichte, ein Vorwort, ein Vorraum, eine Vorrichtung, ein Vorspann, die Vorfahrt oder das Vorfeld sind in ihrer Wortbedeutung keine Provisorien, keine Teile eines Ganzen oder Hilfskonstruktionen, sondern sie sind Vorangestelltes, Vordeutendes und zu Verhandelndes. Das *Vor* hat eine bestimmte eigenständige Qualität und Eigenschaft. Es formuliert eine Bewegung, Mobilität, einen Transfer von etwas und somit etwas Verschiebbares, das zwischen anderen Elementen und Strukturen liegt. Begrifflichkeiten, die mit *Vor* beginnen sind Module oder Schleusen zwischen anderem. Sie stellen Fragen nach dem Davor und Danach, dem Folgenden und Zukünftigen und somit letztendlich eine Frage nach der Tragfähigkeit von etwas.

Die Künstler Christian Kathriner und Davide Cascio stellen mit ihrem gemeinsamen, in dieser Publikation wiedergegebenen Kunstwerk, Fragen nach diesen Tragfähigkeiten von Kunst, dem Umfeld, in dem dies stattfindet, der Kultur beziehungsweise der kulturellen Tradition, die mit dem Kunstmachen verbunden ist.

Diese Haltung des Fragens korrespondiert zwischen Vorhandenem, Gegenwärtigem und dem offenen Raum des Zukünftigen. Ein Kunstwerk, das die Prozesshaftigkeit des *Vor* als Sinnbegriff beinhaltet, ist Korrespondent und Zeichen, das zwischen Zeiteinheiten vermittelt. Die Installation Christian Kathriners und Davide Cascios in der Wallfahrtskirche Unserer Lieben Frau in Hergiswald bei Luzern steht in einem Zwiegespräch mit ihrem unmittelbaren Umfeld – dem Ort einer okzidentalen Bild- und Worttradition – und sie ist in diesem Sinne eine bewegliche Kunst, die Fragen und Gedanken einer kulturellen Verortung transferiert und damit Gegenwärtiges befragt.

VORGEDANKEN WEITERFÜHREN

Das Werk von Christian Kathriner und Davide Cascio ist transportabel, zerlegbar, ein- und auffaltbar. Der Transport, das Verräumen, Verstauen eines Kunstwerkes, diese kurzweilige funktions- und bedeutungslose Materialverschiebung von einem Ausstellungsort zu einem anderen gewinnt bei Kathriner und Cascio eine inhaltliche Aussage. Die Installation ist eine verschiebbare Architektur, sie ist als solche erdacht und angefertigt worden.

Die Installation entfaltet im wortwörtlichsten Sinne eine (Re-)Konstruktion von Bildräumen: ihre mobile Architektur, bestehend aus mehreren Bildebenen wird in zwei geografisch weit voneinander entlegene traditionelle Bildorte[1] oder Bildarchitekturen gesetzt, durch Stäbe gehalten, mit dem jeweiligen Raumkörper verschnürt, in ihm festgezurrt. Die Doppelungen, Spiegelungen und Verzerrungen, die sich unmittelbar in den sich überschneidenden Blickperspektiven und Gedankenlinien ergeben, erzeugen weitere Bilder, Sinnzusammenhänge und auch Leerstellen – Überschüsse von verschiedenen Zeiten und Bildern. Konzipiert als architektonische Struktur, als Trojanisches Pferd der Gegenwart, wird die Installation in zwei (kunst-)historische Räume gefügt, in Architekturen, in denen

procedurale, come se sviluppasse nel prefisso *pre* il suo vero potenziale. Per l'autrice del presente testo è proprio questo *pre* eterogeneo, coniugabile e definibile in modo sempre nuovo e diverso che meglio definisce l'opera d'arte (l'installazione) di Christian Kathriner e Davide Cascio.

Il prefisso *pre* si può definire spazialmente e temporalmente, introduce qualcosa, crea topologie spaziali e temporali differenti. Preistoria, prefazione, prestanza, premessa, preambolo, precedenza non sono dei provvisori semantici, non sono parti di un insieme o costruzioni ausiliarie, bensì preposizioni, pre-interpretazioni, elementi da trattare. Il *pre* ha caratteristiche e qualità proprie. Esso esprime movimento, mobilità, il transfer di qualcosa e in tal modo definisce quel qualcosa di differibile che esiste fra elementi e strutture altre. Le parole che iniziano con *pre* sono dei moduli o delle paratoie fra altre parole. Esse pongono domande sul prima e sul dopo, su ciò che segue ed avverrà e trattano così, a ben guardare, la questione relativa alla portata di qualcosa.

Christian Kathriner e Davide Cascio, i due artisti di cui si parla in questo testo, e la loro opera d'arte collettiva, che viene presentata in questa pubblicazione, pongono domande sulla portata dell'arte, sull'ambiente in cui essa ha luogo e sulla cultura ovvero sulla tradizione culturale legata alla produzione artistica.

Questo atteggiamento interrogativo crea corrispondenze fra l'esistente, il contemporaneo e lo spazio aperto del futuro. Un'opera d'arte che fa suo il concetto semantico insito nell'aspetto procedurale del *pre* diventa il corrispondente e il segno che media fra diversi segmenti temporali. L'installazione di Kathriner e Cascio nel santuario di Hergiswald è in costante dialogo con l'ambiente circostante – luogo di una tradizione figurativa e linguistica prettamente occidentale – e in questo senso è un'arte mobile che trasferisce domande e concetti in un contesto culturale e nel far ciò si interroga sul presente.

SVILUPPARE CONCETTI PREESISTENTI

L'opera di Christian Kathriner e Davide Cascio si può trasportare, scomporre, piegare e dispiegare. Questo movimento di materiali da uno spazio espositivo all'altro – trasportare, rimuovere e stipare un'opera d'arte – uno spostamento dilettevole, privo di funzioni e significati, assume in Kathriner e Cascio il valore di un'asserzione contenutistica. L'installazione è un'architettura movibile, è stata pensata e realizzata in quanto tale.

L'installazione sviluppa, nel senso più letterale del termine, una (ri)costruzione di spazi immaginativi. La sua architettura mobile, formata da molteplici piani immagine, è posta su due luoghi immaginativi[1] o architetture immaginative geograficamente lontane fra loro, ed è sorretta da alcune sbarre di legno, legata alle rispettive estensioni fisiche, ancorata alle stesse. I raddoppiamenti, i riflessi e le deformazioni che emergono da prospettive e linee concettuali intersecate fra loro creano altre immagini, altri contesti e delle lacune – eccedenze di immagini e di periodi diversi. Concepita come struttura architettonica, come cavallo di Troia del presente, l'installazione è inserita in due luoghi storico-artistici, in architetture in cui le tradizioni figurative, le metafore e i significati dell'Occidente sono impressi nelle pareti e nelle tele.

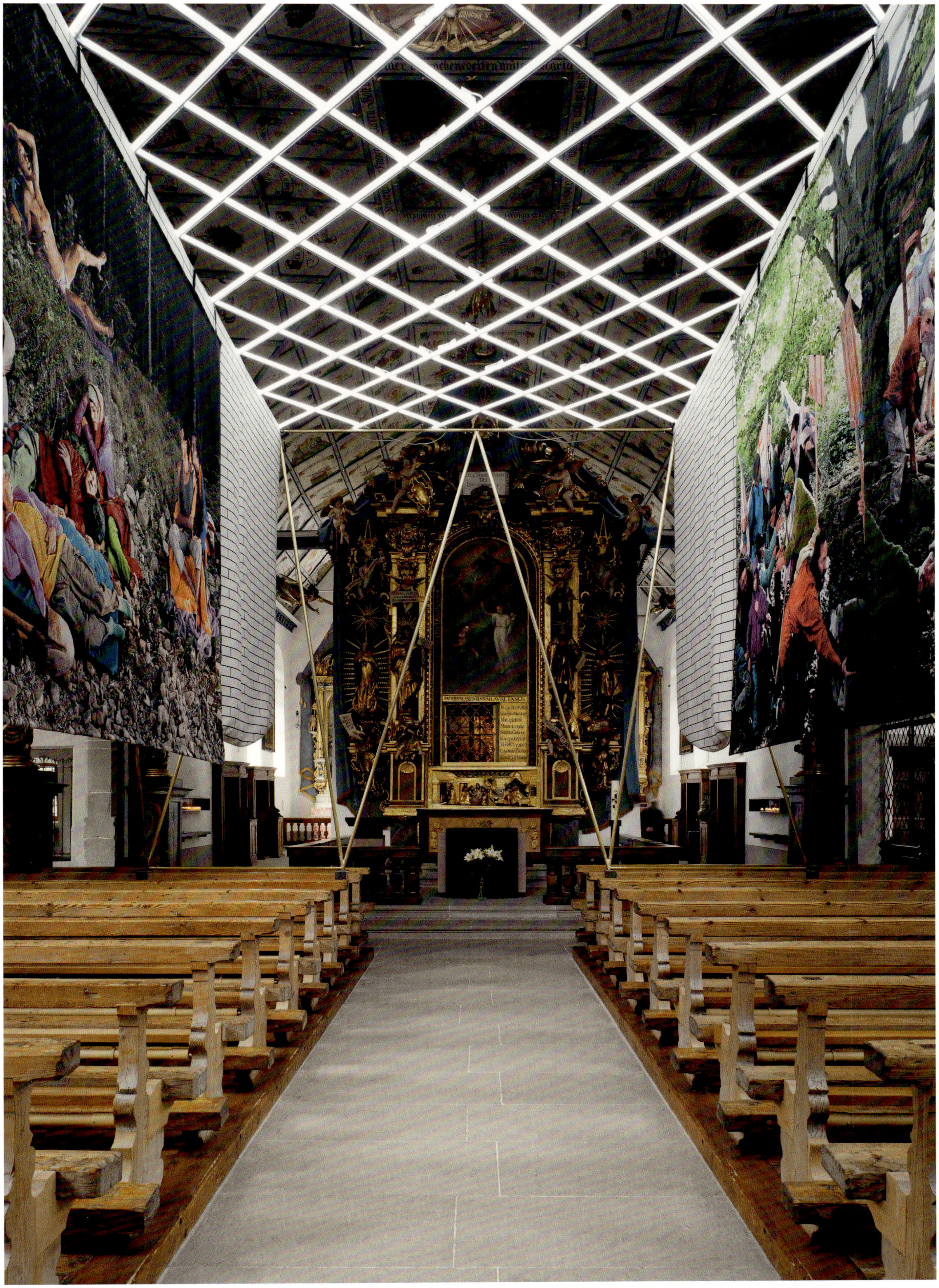

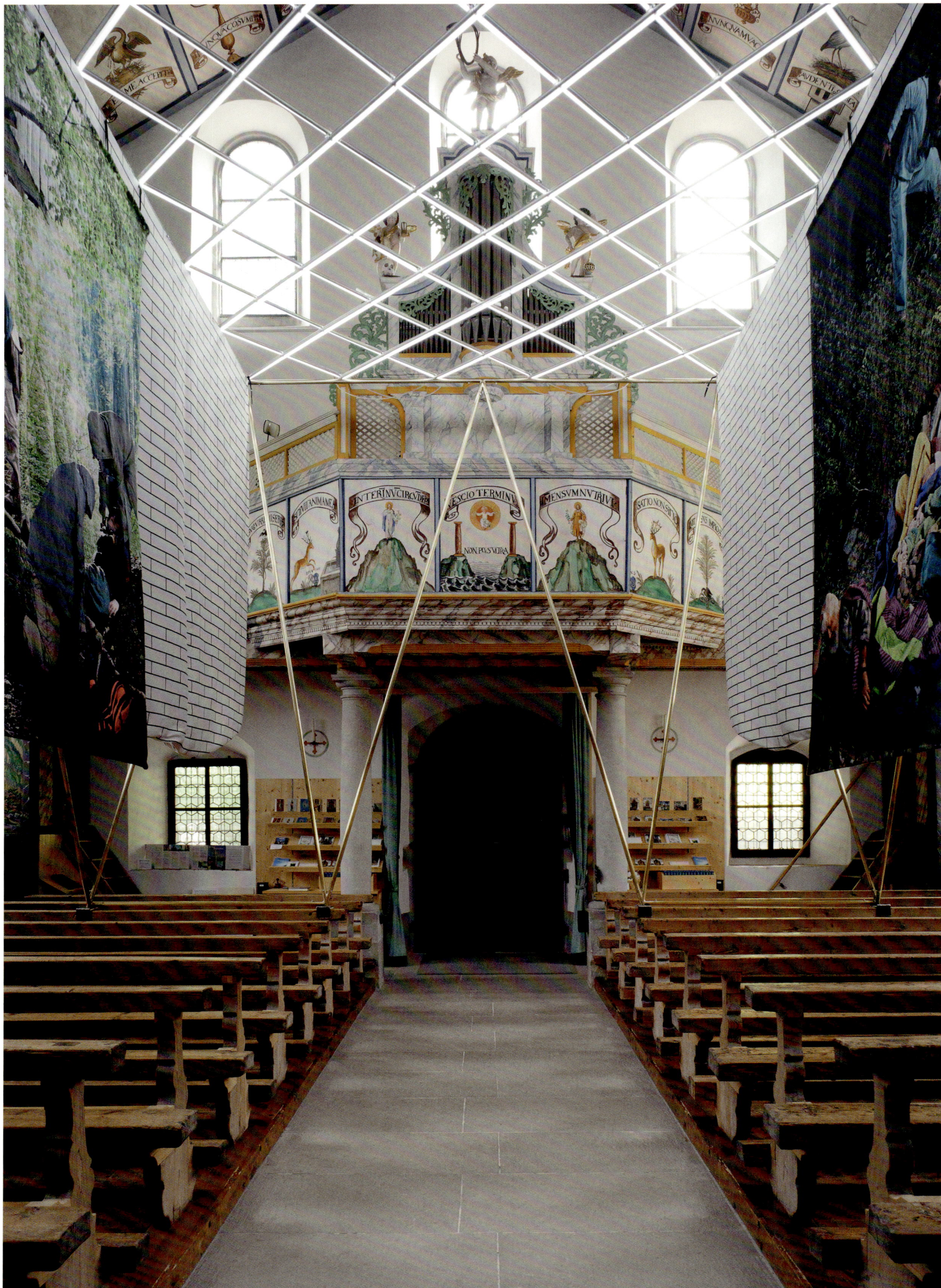

abendländische Bildtraditionen, Metaphern und Sinnbedeutungen in den Raum- und Leinwänden eingeprägt sind.

Welche Bilder kann der Betrachter deuten, lesen, mit und ohne (kunst-)geschichtlichem Wissen erfassen? Welche Bilder erhalten – noch oder wieder – im Prozess des Sehens und Denkens eine unmittelbare Gegenwärtigkeit?

ÜBERZEICHNUNGEN

Kathriners und Cascios künstlerisches Verfahren, eine neue in eine vorhandene Bildarchitektur zu setzen, ähnelt dem Prinzip einer fotografischen Überbelichtung. Das Ineinandergeschobene, die Kollision von Bildfeld auf Bildfeld lässt mannigfaltige Doppelungen entstehen: Vorder- und Hintergründe lösen sich voneinander ab, Schatten und Licht werden verzerrt, Farben und Gesten oszillieren im Miteinander. Durch diese Potenzierung, diesem Experiment des Überzeichnens – das im Gegensatz zur Collage nichts zerschneidet oder umreißt, sondern Motive, Sujets, Räumliches überblendet – werden Konturen neu formuliert.

TRANSPOSITIONEN

Es ist vor allem eine Frage, die die Künstler grundsätzlich formulieren: Wo findet Kunst statt? Innerhalb oder außerhalb des neutralen Ausstellungsraums? Und ist es in der zeitgenössischen Kunst möglich, Orte zu schaffen, an denen neue Formulierungen entstehen – an nicht kunstmarktbezeichnete Orte zu gehen, Kunst stattdessen einzufügen, einzuschleusen in einen bestehenden kulturellen Zusammenhang?

DAS NOCHNICHTGESEHENE, DAS NOCHNICHTGEDACHTE, DEN NOCHNICHTORT SUCHEN

Etwas, was noch ohne Worte existiert oder eben erst im Entstehen zwischen Wörtern und Bildern liegt, wäre ein Vorbegriffliches, etwas im Moment Gedachtes, im Imaginations- oder Vorstellungsraum Entstehendes. Die Suche nach Begriffen für etwas Bildliches, für das Nichtsprachliche entsteht hier, im Kunstwerk, in der Betrachtung der abgebildeten Menschen, die zu handeln scheinen, die einer Handlung Ausdruck verleihen. Oder verhält es sich gegenteilig, geben die Handlungsweisen den Menschen, Gesichtern, Gesten Ausdruck?

Diese Ambivalenz zwischen deutbaren und nichtdeutbaren Gesten, Handlungen, Riten sind das Bildhafte und gleichzeitig das Rätselhafte der Wandteppiche in der Installation. Zeitungsbilder, Fernsehbilder, Dramaturgien und Choreografien von Ereignissen, die in der heutigen Zeit einen Untertitel benötigen, um sie in der Vielzahl von tagtäglichen und historischen Ereignissen einordnen zu können. Was passiert, wenn wir als medial geprägte Bildbetrachter entdecken, dass die Gesten der Verzweiflung, der Ohnmacht, der Aggression immergleiche Rituale sind? Bleiben die jeweiligen Inhalte oder die Bildgesten bestehen? Sind die Akteure in der Ausführung des Agierens oder Nichtagierens eingefangen – im Gestus, im Abbild einer Ursache, im bildnerischen Ausdruck festgefroren?

ZEICHENHAFTES

Steinmauermuster eingezeichnet, gewebt in Leinenstoff, eine grell leuchtende Gitterstruktur aus Neonleuchtstoffröhren vor einer filigranen, farbigen Deckenmalerei des 17. Jahrhun-

Quali immagini riesce ad interpretare, a leggere l'osservatore, dotato o privo di conoscenze storico-artistiche? Quali immagini ricevono – continuano a ricevere o ricevono ex-novo – una contemporaneità immediata mentre le si guarda e le si interpreta?

SOVRAESPOSIZIONI

Il metodo artistico di Kathriner e Cascio, i quali inseriscono un'immagine architettonica in una cornice architettonica preesistente, richiama il principio delle sovraesposizioni fotografiche. L'intersezione, la collisione di un campo visivo con un altro, produce numerosi raddoppiamenti: i primi piani e gli sfondi si staccano gli uni dagli altri, le ombre e le luci si deformano, i gesti e i colori oscillano contemporaneamente. Tramite questo potenziamento – questo esperimento di sovraccarico che, a differenza del collage, non taglia o delinea nulla, bensì sovraespone i motivi, i soggetti, gli spazi – vengono formulati nuovi contorni.

TRASPOSIZIONI

Quella che gli artisti pongono è una domanda fondamentale. Dove si svolge l'arte? All'interno o all'esterno dello spazio espositivo neutro? È possibile nell'arte contemporanea creare dei luoghi in cui nascono nuove formulazioni, andare in luoghi che non siano già segnati dal mercato dell'arte, bensì inserire, introdurre l'arte in contesti culturali preesistenti?

ALLA RICERCA DEL NON VISTO, DEL NON PENSATO, DEL LUOGO CHE ANCORA NON C'È

Ciò che esiste tuttora senza parole o che si trova appena nel divenire fra lingua ed immagine sarebbe un qualcosa di preconcettuale, pensato in quel momento, formatosi nello spazio dell'immaginazione e della rappresentazione. La ricerca di termini che esprimano qualcosa di figurativo, di non linguistico, inizia qui, nell'opera d'arte, mentre si osservano gli esseri umani che vi sono raffigurati, esseri che sembrano agire, che danno espressione all'azione. O è il contrario, e sono forse i modi d'agire a dare espressione agli esseri umani, ai volti, ai gesti?

Questa ambivalenza fra gesti, azioni e riti interpretabili e gesti, azioni e riti non interpretabili rappresenta l'aspetto figurativo e al contempo enigmatico degli arazzi dell'installazione: figure provenienti da giornali, immagini televisive, drammaturgie e coreografie di eventi che oggi necessitano di sottotitoli per poter essere contestualizzati all'interno della molteplicità degli avvenimenti quotidiani e storici. Cosa succede se noi, segnati dalla visione di immagini mediatiche, scopriamo che i gesti di disperazione, di smarrimento, di aggressione sono dei rituali rimasti sempre uguali nel tempo? I contenuti del momento o i gesti raffigurati continuano ad esistere? I protagonisti sono colti nel momento in cui agiscono o quando non agiscono? Sono congelati nell'atto, nell'imitazione di un effetto, nell'espressione figurativa?

IL SIMBOLICO

Mura in mattone tracciate, intessute in stoffe di lino, una sgargiante struttura a graticola costituita da tubi fluorescenti al neon posta sotto ad un soffitto del XVII secolo, un soffitto dipinto, filigranato, colorato i cui rimandi iconografici restano

derts, die in ihren Bildverweisen rätselhaft bleibt: im Kirchenraum Hergiswald überkreuzen sich Bildzeichen.

Das Neonlicht löscht im direkten Betrachterblick, der nach oben zur historischen Deckenmalerei gerichtet ist, Bildteile aus, es entsteht ein durch Licht beeinflusster unscharfer Blick. Die visuelle Wahrnehmung pendelt zwischen Positiv- und Negativflächen, zwischen Abbildungen auf der Deckenwand, zwischen einem luziden, blendenden Gitter und den Lichtflecken auf der Netzhaut des Auges.

Der nach oben gerichtete Blick kann nur Teilstücke wahrnehmen. Das Ausgeblendete, Weggelöschte ist ein Schattenteil dessen, was mit dem Auge zu erfassen ist und vielleicht geht es in der Installation auch gerade um diesen Differenzbereich – dem Zustand des Aus- und Einblendens, dem vagen Entstehen eines Bildfragmentes, das aus mehreren Bildquellen entsteht.

Ein Bild braucht eine Fläche, eine Abbildungsmöglichkeit. Christian Kathriner und Davido Cascio benutzen Tuch als Projektionsflächen für ihre Verweise und Bilder. In welchem Verhältnis stehen für den Betrachter diese zeichenhaften, kunsthistorischen Verweise zu den alltäglich wahrgenommenen digitalen, auf Papier gerasterten Bildflächen der Tagespresse oder den Fernsehnachrichten auf Flatscreens?

> »Der flandrische Teppich ist der erste noch kolossalische Typus des automobilen Bilderfahrzeugs, der, von der Wand losgelöst, nicht nur in seiner Beweglichkeit, sondern auch in seiner auf vervielfältigende Reproduktion des Bildinhaltes angelegten Technik ein Vorläufer ist des bildbedruckten Papierblättchens, d. h. des Kupferstiches und des Holzschnittes, die den Austausch der Ausdruckswerte zwischen Norden und Süden erst zu einem vitalen Vorgang im Kreislaufprozess der europäischen Stilbildung machten.«[2]

GEHEN UND SEHEN IN ARCHITEKTUREN

In einer Kirche geht man leise umher und setzt bedächtige Schritte. Wenn man eine Kirche besichtigt, das heißt sie in dem Vorhaben sie als ein architektonisch-kulturelles Gut wahrzunehmen aufsucht, geht man anders, man wählt eine mehr zielorientierte Gangart, die von einem fotografisch geschulten Blick gelenkt wird.

Der Kirchenraum ist ein (abendländischer) Kulturraum, der durchschritten wird und sich aufgrund seiner Größe sehr dafür eignet. Es gibt wenige Räume, die heute mit diesen maßvoll bedächtigen Schritten, im Schweigen oder im Flüsterton noch begangen werden können. Darin ähneln sich Museen und Kirchen, sie sind Räume einer Art Andacht, eines Gehens und Sehens entlang kultureller Güter – die Kirche als Bauwerk ist dies mehr als ein Museum, sie stellt die Architektur der Andacht und eines kulturellen Bewusstseins vielmehr dar, sie ist architektonische Kult(ur)stätte.

Die Künstler fügen ihre Installation in diesen Kontext und übersetzen damit das elementare Verhältnis von *Gehen* und *Sehen* in die Betrachtungsweise ihres Kunstwerkes wirksam ein. Nicht nur die inhaltlichen Korrespondenzen, die kulturellen Hintergründe sind Teil ihrer Installation, sondern auch diese andere Weise der Betrachtungsmöglichkeit – des *Gehens* und *Sehens*.

misteriosi: nella chiesa di Hergiswald si incrociano diverse immagini simboliche.

Se si volge lo sguardo in alto e si osserva direttamente lo storico soffitto dipinto, parti delle immagini vengono cancellate dalla luce al neon e a causa della luce si ha una veduta sfuocata. La percezione visiva oscilla fra superfici in positivo e superfici in negativo, fra diverse immagini del soffitto dipinto, fra la lucida e accecante struttura graticolare e le macchie luminose nella retina dell'occhio.

Lo sguardo rivolto in alto riesce a percepire solo frammenti di immagine. Ciò che è rimosso, cancellato è una parte in ombra di quello che l'occhio deve cogliere e forse l'installazione tratta anche di questa divergenza, dello stato di rimozione ed inserimento, della vaga nascita di un frammento d'immagine proveniente da fonti figurative diverse.

Un'immagine necessita di una superficie, di una possibilità di riproduzione. Come superficie di proiezione per le loro immagini e i loro riferimenti, Christian Kathriner e Davide Cascio utilizzano la stoffa. Quale rapporto hanno questi riferimenti simbolici e storico-artistici con le immagini digitali, retinate su carta che ogni giorno vediamo nei quotidiani o nei telegiornali sulle TV a schermo piatto?

> «L'arazzo fiammingo è il primo tipo, ancora colossale, di mezzo di trasporto automobile per immagini che, staccato dalla parete, non solo per la sua mobilità, ma anche per la sua tecnica applicata alla riproducibilità dello stesso contenuto iconografico in esemplari uguali è un predecessore del foglio di carta con immagini stampate, cioè dell'acquaforte e della silografia, che resero lo scambio di valori espressivi tra Nord e Sud un processo vitale nel movimento ciclico di formazione degli stili europei.»[2]

CAMMINARE E VEDERE NELLE ARCHITETTURE

All'interno di una chiesa si cammina silenziosi, con passo cauto. Quando si visita una chiesa, quando cioè ci si reca in una chiesa con l'intento di visitarla in quanto patrimonio culturale e architettonico, si cammina diversamente, si sceglie un'andatura più consona allo scopo, guidata da un'educazione visiva fotografica.

Lo spazio ecclesiastico è uno spazio culturale (occidentale) che si attraversa con solennità e che per le sue dimensioni si adatta ad un tal portamento. Sono pochi oggi i luoghi che possono essere percorsi a passi lenti e misurati, in silenzio o con tono sommesso. I musei e le chiese in ciò si assomigliano molto: sono luoghi di raccoglimento, luoghi in cui si cammina attorniati da beni culturali da visitare. La chiesa come edificio lo è ben più di un museo: essa rappresenta l'architettura del raccoglimento e della consapevolezza culturale. È centro culturale architettonico e contemporaneamente luogo di culto architettonico.

Gli artisti inseriscono efficacemente la loro installazione in questo contesto e trasformano così il rapporto elementare che esiste fra il *camminare* e il *vedere* in un approccio visivo per la loro opera. A far parte dell'installazione non sono solo le corrispondenze contenutistiche, i retroscena culturali, bensì anche quest'altro modo possibile di osservare – di *camminare* e di *vedere*.

In den Räumen des Wandelns, des Nachdenkens, des verlangsamten Schrittes und der Betrachtung werden alte Handlungen und deren Traditionen deutlich: Gehen als Bedenken, Reisen als Lebensrhythmus, Pilgern als Erneuerung, Andacht als Verstehen. In dieser Aufzählung sind Verhaltensweisen enthalten, die nicht mit zeitgenössischer Kunst in Zusammenhang gebracht werden. Kathriner und Cascio verweisen durch ihre Wahl der Ausstellungsorte auf diese Traditionen, sie binden ihr Kunstwerk direkt an diese an, choreografieren auf diese Weise den Blick und den Gehrhythmus des Betrachters und erschaffen eine zeltartige, durchlässige Architektur, die im Sinne der vergangenen Traditionen durchschritten werden kann.

ZWISCHEN WORT, BILD UND ORT

Was bleibt nach dieser näheren Betrachtung, den schon vielen geschriebenen und gelesenen Worten zum Werk und seinen Qualitäten noch zu sagen? Es liegt etwas im Zwischenraum der Worte und in den Abständen des Textes, etwas, das sich aus dem bisher Dargestellten ergibt und in Worte zu fassen ist.

Vom Verschieben, Verrücken von Orten, Zeiten und Bildern war die Rede, von einer Entleerung, Loslösung von Bildern und der damit verbundenen Suche nach Neuformulierungen, vom Wahrnehmen der Kunst durch die Symbiose des Sehens und Gehens. In all diesen Beschreibungen ist der Zustand eines Dazwischen wesentlich. Dieser Text als Notation verfasst, weist ebenfalls in Richtung eines Zwischenraums. Das Dazwischen-Sein, -Liegen, -Bewegen scheint eine adäquate Formulierung und eine gedankliche Ebene zu sein, mit der man die Installation Kathriners und Cascios verstehen kann.

Die Installation drückt sich durch Bilder in Bildern, durch Architektur in Architekturen, durch das Ineinanderverschobene aus und öffnet auf diese Weise einen zwischengelagerten (Gedanken-)Raum. Dieser Zwischenraum entsteht durch das Moment der Bewegung. Bewegung innerhalb von Loslösungsprozessen: Bilder lösen sich von Schlagzeilen und Subtexten, weil sie zeitlos formuliert werden. Bilder, die kunstgeschichtlich erfasst wurden, lösen sich aus dem Zeitgeschichtlichen und durch die Konfrontation mit Zeitgenössischem.

Kulturstätten und ihre architektonischen und ikonografischen Wurzeln und Herkünfte – diese ursprünglichen Formen des Gedenkens, Erzählens, Einschreibens von Geschehnissen – vermischen sich mit heutigen Bildern und Ritualen. Durch die Begegnung, die Zusammenführung, das Ineinanderfließen von Wörtern, Bildern und Orten werden ihre Silhouetten nachgezogen und dadurch als Form – als Formbares und Formgebendes – verdeutlicht.

BEWEGLICHKEITSFORMEN

Ein Kunstwerk als eine Beweglichkeitsform zu verstehen, die Zeitgenössisches und Kunstgeschichtliches beinhaltet, umformt und zum Verständnis bringt. Ein neues Bilderalphabet kreieren, inhaltsvoll und deutlich, nicht mit Konzepten, Konstrukten überladen, sondern mit ihnen gefüllt – eine Übersetzung von Gültigem aus Gestern und Heute in ein Zukünftiges führen, die Gedankenräume dafür öffnen. Die gemeinsame Autorschaft der Künstler ist ebenso Ausdruck dieser Beweglichkeitsform, in dem Sinne, dass ein Dialog und Diskurs mehr Offenheit und Flexibilität (ein-)fordert. Beweglichkeit

Negli spazi del cambiamento, della riflessione, dei passi rallentati e della contemplazione si manifestano antiche azioni e le loro tradizioni: il cammino come riflessione, il viaggio come ritmo vitale, il pellegrinaggio come rinnovamento, il raccoglimento come comprensione. In questo elenco sono presenti dei comportamenti che solitamente non vengono messi in relazione con l'arte contemporanea. Con la scelta degli spazi espositivi, Kathriner e Cascio fanno diretto riferimento a questa tradizione, vi ancorano la loro opera d'arte, rappresentano in tal modo una coreografia dello sguardo e del ritmo dei passi di chi osserva e creano un'architettura permeabile, simile ad una tenda che può essere attraversata con passo solenne come in passate tradizioni.

FRA PAROLA, IMMAGINE E LUOGO

Cosa rimane da dire dopo questo approccio ravvicinato, dopo le molte parole già scritte e lette sull'opera e sulle sue qualità? C'è qualcosa che rimane fra gli scarti delle parole e gli intervalli del testo, qualcosa che risulta da ciò che si è descritto finora, qualcosa di esprimibile a parole.

Si è parlato di trasferimenti, di spostamenti di luoghi, tempi ed immagini, si è parlato di uno svuotamento, della separazione delle immagini e della conseguente ricerca di nuove formulazioni, si è parlato della percezione dell'arte tramite la simbiosi fra vista e movimento. Essenziale, in tutte queste descrizioni, è la condizione di mezzo. Redatto come notazione, questo testo mostra a sua volta in direzione di un intervallo. Essere, giacere, muoversi in mezzo sembrano essere giuste formulazioni e sembrano raggiungere un livello concettuale adatto a comprendere l'installazione di Kathriner e Cascio.

L'installazione si esprime per immagini inserite in immagini, tramite un'architettura inserita in architetture – grazie ad inserzioni apre uno spazio concettuale depositato nel mezzo. Tale spazio nel mezzo nasce nell'atto del movimento all'interno di processi di separazione: le immagini si staccano dai titoli dei giornali e dai sub-testi perché sono formulate al di fuori dal tempo; le iconografie contestualizzate all'interno della storia dell'arte si liberano del contemporaneo e tramite il confronto troncano con l'attuale.

I centri culturali, le loro radici e le loro provenienze architettoniche e iconografiche – queste forme originarie di commemorazione, narrazione, scrittura di avvenimenti – si mescolano alle immagini e ai rituali dei nostri giorni. Con l'incontro, il ricongiungimento, la fusione di parole, di immagini e luoghi, le loro silhouette vengono ritoccate e in tal modo chiarite in quanto forma, in quanto formabili e formanti.

FORME DI MOBILITÀ

Interpretare un'opera d'arte come forma di mobilità che contiene, modifica e permette di comprendere il contemporaneo e le stratificazioni della storia dell'arte. Creare un nuovo alfabeto d'immagini, denso di significati e comprensibile, non certo sovraccarico di concetti, di costrutti, bensì arricchito degli stessi – perpetuare una traduzione che trasporti il buono del passato e del presente in un futuro e che per far ciò apre nuovi spazi concettuali. La stessa paternità collettiva dell'opera diventa espressione di questa forma di mobilità nel senso che il dialogo e il discorso chiedono ed esigono maggior apertura

ist etwas anderes als Geschwindigkeit. Zeitgenössisches kann nicht ohne kulturelle Rückbezüge entstehen.

Ein Gedankenbild: Gewebe – das Entlangführen eines Fadens um einen anderen Faden. Die Bewegung, die dabei entsteht ist wellenartig, ein Vor- und Hinterlegen, eine Schlaufen ziehende Bewegung. Die *Transposition* – jene überführbare Position, die transportable (bewegliche) Stelle des Kunstwerkes ist in diesem topologischen Umraum, der zugleich ihr Freiraum ist, verortet.

1 Die konzeptionelle Idee der Künstler, ihre Installation auf die Reise zu schicken und im Anschluss an die Ausstellung in der Wallfahrtskirche Hergiswald in der Innerschweiz, in der Sala degli Svizzeri im Palazzo Apostolico in Loreto wiederzuerrichten, wird erst in Zukunft realisiert werden können.

2 Warburg, Aby M., »Einleitung zu *Der Bilderatlas Mnemosyne*«, in: Warnke, Martin / Brink, Claudia (Hrsg.), Aby M. Warburg, *Gesammelte Schriften. Studienausgabe, Bd. II.1*, Berlin: Akademie Verlag, 2000.

e flessibilità. La mobilità è un qualcosa d'altro rispetto alla velocità. Il contemporaneo non si può sviluppare senza riferimenti culturali al passato.

Un'immagine concettuale: trame – condurre un filo lungo un altro filo. Ne nasce un movimento a onde che esibisce e nasconde, un movimento che crea passanti. La *Trasposizione* – la posizione trasferibile, la zona trasportabile, movibile dell'opera d'arte è localizzata in questo spazio topologico circostante che è al contempo il suo spazio.

1 L'idea degli artisti di far viaggiare la loro installazione e di ricostruirla, dopo l'esposizione nel santuario svizzero di Hergiswald, nella Sala degli Svizzeri del Palazzo Apostolico di Loreto potrà essere realizzata solo in futuro.

2 Warburg, Aby M., «Introduzione a *Der Bilderatlas Mnemosyne*», in: Warnke, Martin / Brink, Claudia (a cura di), Aby M. Warburg, *Gesammelte Schriften. Studienausgabe, Bd. II.1*, Berlin: Akademie Verlag, 2000.

Stanislaus von Moos

TRANSPOSITION

A Project by Davide Cascio and Christian Kathriner

In a series of recent projects, Davide Cascio and Christian Kathriner—either independently or as a team—have begun scrutinizing architecture, breaking down its hidden horizons of meaning by means of razor-sharp actions and interventions. Sometimes a small transformer shed on the edge of an abandoned airfield may serve as a starting point (Kathriner, *Transformator*, Ennetbürgen, 2007), sometimes a major work of Modernist architecture in Ticino (Cascio, *Tabula / Octaedron*, Biblioteca Cantonale di Lugano, 2008) [→ FIG. 1]. Sometimes, as in the present case, the subject—as well as the object—is a Baroque pilgrimage church in central Switzerland [→ FIGS. 2 / 3].

FIG. 1 → p. 12
Davide Cascio, *Tabula / Octaedron*.
Neon / mural, variable dimensions, 2005, installation in the foyer of the Biblioteca Cantonale di Lugano (architect: Rino Tami).

FIG. 2 → p. 12
Pilgrimage church in Hergiswald.
Interior with main altar and Loreto Chapel, 1651–1662 (from *Schweiz. Kunstführer GSK*, 2000).

FIG. 3 → p. 12
Loreto Chapel.
Pilgrimage church in Hergiswald, mural on altar wall, 17th century (freely copied from the "original" Santa Casa from the 11th century), drawing after Xaver von Moos.

Mixing theological esotericism, popular belief, and the display of ecclesiastic splendor seems to have a special appeal to the imaginations of both artists. Christian Kathriner, who is based in central Switzerland, may have been born to the Baroque. For Davide Cascio of Ticino, much the same can probably said, and the circumstance that they met in Rome amounts to another sign of the direction they would take. (The urge to travel to Rome—or simply the opportunity to have a subsidized place to work—led them to the Istituto Svizzero di Roma at the same time: an academy-like, partially state-funded establishment housed in a splendid late 19th-century villa with a unique panoramic view of the Seven Hills of Rome as well as the leisure to make something of it all). On the other hand, Kathriner's ability to reflect on the artistic concepts embodied in that tradition, and also on what they could mean for the present, points to art historical horizons that were presumably opened up to him in Düsseldorf and Berlin, where he studied and had his first experiences as an artist.

HERGISWALD AND LORETO: "LINKED BACK"

Probably the most ambitious work realized with Davide Cascio, created both for the pilgrimage church in Hergiswald, near Lucerne, and for Loreto but thus far shown only in Hergiswald (and unfortunately only during a few weeks in summer) was an effort, as Kathriner put it in his description of the project, "to take up a mental line in the landscape of central Switzerland and thematize it in a new way." The inspiration came from the Santa Casa in Hergiswald itself: the replica set up inside the church of the site of the Annunciation. (It is one of many replicas of the house in Nazareth, which according to pious legend was brought to Loreto by a host of angels at the time of the Crusades, thereby "rescuing" them from military incursions). Thus, the Chapel of Mercy in Hergiswald is said to be "'linked back' by an artistic, geographical, and mental bridge to the Santa Casa in Loreto." Reading the text, however, it becomes clear that the "bridge" is also (and perhaps primarily) intended to bring together the traditional genres of architecture, painting, and the textile arts: "a baldachin composed of linen, a brass stand, and neon lights refers to the volume of Santa Casa. This 'nomadic' architecture houses two tapestries: figurative compositions filled with religious and secular allusions that both encode and decode the motives of the impressive painted ceiling of Hergiswald that spans above it, a singular alphabet of signs and symbols" [→ FIG. 4].

FIG. 4 → p. 12
Davide Cascio and Christian Kathriner, *Transposition*. View of installation pilgrimage church in Hergiswald, 2009.

The succinct text is accompanied by a number of quotations from Vitruvius and the Old Testament, as well as by illustrations of late medieval tapestries and images referring to the Western and Eastern typology of the tent, the Kaaba, and the baldachin and how they are reflected in medieval illuminated manuscripts and the paintings of Gentile Bellini [→ FIG. 5]. For his part, Davide Cascio rightly places the nomad's tent in the context of the topos of the *primitive hut* in architectural theory. The latter can be traced to Vitruvius's *Ten Books on Architecture* (first century AD), but it took a new turn with Gottfried Semper in the 1860s, in that Semper related the archetype of human housing not to the construction of supports and beams—from which, according to Vitruvius, the column orders of the Greek temple derived—but rather to a more complex system of four basic elements, whereby, apart from the roof on the framework, textile mats or tapestries were supposed to protect the inhabitants from the inclemency of the weather. The baldachin of Hergiswald thus becomes a presentation of Semper's *theory of dressing*.

FIG. 5 → p. 12
The Kaaba, Mecca.
After Le Corbusier, *La Ville Radieuse*, 1935.

ÉTANT DONNÉS: THE LANDSCAPE

The type of the *pictor doctus*, as personified by Christian Kathriner and, *mutatis mutandis*, Davide Cascio, poses a special kind of challenge for those seeking to interpret the artists' work. Articulate and inspired as it is, the artist's discourse tends to undermine the interpreter's job, giving him no choice but to either fall back on generalizing theory or more or less radically to stick to what one sees—in the present case, for example, the simple, structurally self-sufficient tent construction formed of brass rods, braced only by the cable of the transformer in the room for the battery of neon lights and covered with textiles—just as one remembers it, aided by plans and photographs, and placing what one remembers in this way in the context of one's own associations. What follows takes this second path.

The snapshot of the renovated lantern of the church that served as the title image and eye-catcher for the proposal submitted in 2009 embodies, when seen from this perspective, an encoded program [→ FIG. 6]. The motif is photographed from near the ground, with a section of road in the foreground, including the dotted white and yellow zigzag marking on the asphalt. The photograph signals that the work intended for the interior of the church not only makes connections between Hergiswald, Loreto, and ultimately Nazareth, that are embodied in the church itself and incisively reflected on in the artists' text, but also that the ambition is ultimately a sculptural one that radically thematizes the here and now. Not only is Hergiswald "linked back" with Loreto, but the intellectual universe of the Baroque is linked back to the asphalt of "Metropolis Switzerland" and the sacred tales of the Gospel both with the visual strategies of conceptual art and the flickering screens of contemporary media.

FIG. 6 → p. 13
Hergiswald.
Title image for the proposal for *Transposition*.
It shows the road into the Eigental and the roof turret of the pilgrimage church in Hergiswald.

In the way it juxtaposes the modern road and the monument, the title image contradicts the idea of the beautiful or sublime landscape, as celebrated in painting from Claude Lorrain to Ferdinand Hodler. Rather, it belongs to the "low" tradition of advertising images for tourism as well as postcard and stamp motifs that focus on precisely what the landscape painter lightheadedly suppresses from the field of vision: the traces of modern civilization. Thematically, Hergiswald becomes surprisingly like the thoroughly profane Château Gütsch, located just a few kilometers away in a comparable landscape setting. Rather than the "château", a poster from around 1900 highlights the funicular railway—inserted zipper-like into the landscape—that connects the hotel to the transportation network of the nearby city of Lucerne and beyond that to Switzerland and the world [→ FIG. 7].

FIG. 7 → p. 13
Château Gütsch.
Hotel poster (circa 1900), poster collection of the Museum für Gestaltung, Zurich.

PILGRIMAGE AND MARKETING; *HIGH* AND *LOW*

The rites that the faithful used to invest in the institution of the pilgrimage have since been secularized and recycled in the multiple forms of tourism. That Hergiswald falls under the sign of the ensuing dilemma comes as no surprise (tragically, the owners of the complex have since come to believe that the existing country inn adjacent to the church needs to be replaced by a modern, allegedly "more efficient" restaurant for tourists in a hurry). On the other hand, is combining "high" iconographic tradition and "low" formal idiom not the central theme of the mysteries of modern art? Among the artists who have systematically exposed such fields of tension, Gerhard Merz is the closest reference in our context. The memorable catalog for Merz's *Mondo cane* exhibition at the Lenbachhaus in Munich (1983 / 84)—a bold mix of the pomp of the late 19th-century painter princes and "cheap" portraits of tropical natives in the manner of Andy Warhol's silkscreens—is, as Kathriner writes, of central importance for the present work [→ FIG. 8].

FIG. 8 → p. 13
Gerhard Merz, *Mondo cane*.
View of installation
Lenbachhaus Munich, 1983.

The intervention at Hergiswald takes up this thread, not in terms of its formal idiom or its imagery, world of images, but in terms of its method. The impudence with which the neon diamond pattern of the overly bright baldachin ceiling rips apart the chiaroscuro of the sacred space and drags it into the modern age: are we too blasé even to perceive the provocation of this literal blending of cultures as such? The provocation is that it exposes the pagan magnificence of the Baroque decoration, that it confronts us which the crassness of its magical gleam that smacks of the shooting gallery at the fair. As to the diamond pattern of the ceiling lighting as such, it is in turn derived from the pattern of the groins spanning the night sky of the Chapel of Mercy placed behind the main altar [→ FIG. 9]. Neon light functions here like a drawing hung in the room, analogous to the signs and architectural abbreviations that populate the night sky in Las Vegas. Several years previously, Cascio had furnished the lobby of the Biblioteca Cantonale in Lugano with a double visual pyramid as a "demonstration

space," and thus by way of Duchamp added a philosophical dimension to Rino Tami's architecture that is only latently present in the structure of the building [→ FIG. 1].

FIG. 9 → p. 13
Davide Cascio and Christian Kathriner,
Transposition. View of installation's "neon ceiling"
whose diamond pattern derives
from that of the ceiling of the Loreto Chapel.

Learning from Las Vegas, the cult classic in modern discussions of architecture by Robert Venturi, Denise Scott Brown, and Steven Izenour, was published two years before Kathriner was born. Even earlier, in 1968, Venturi had illuminated the altar space of a Catholic church in Philadelphia with a curved neon tube floating in the space, and later specified that the purpose of using neon there was not to make the sacred profane but, on the contrary, to ennoble the everyday embodied by the "cheap" material [→ FIG. 10]. That neon light in churches seems, if only for pragmatic reasons, a natural given in the country from which Venturi's family emigrated did not prevent the parishioners in Philadelphia from removing the lighting. It is no coincidence that Dan Flavin, the former theology student, has realized a neon installation in a church in Italy rather than anywhere else (Santissima Annunziata in Chiesa Rossa, Milan).

FIG. 10 → p. 16
Robert Venturi, *Church of St. Francis de Sales*.
Redesign of chancel,
Philadelphia, PA, 1968–1970.

TRUTH OF MATERIALS?

Is neon in churches no longer a provocation? Is the same true of the imitation of brick bonds in the form of textile patterns? Naturally the motif is a "quotation." It should be noted that the bond to which the quotation referred is in fact not brick or masonry but is simply painted on the plaster over the wall: the interior wall of the Santa Casa [→ FIG. 3]. Cascio and Kathriner push the chain reaction of translations from one medium to another to the limit by fastening the (white) inside of the (black) outside of their tent as an improvised seam in places on the outside [→ FIG. 11]. By designating their "brick building" as a "migrant's tent" and making it resemble the Kaaba of Mecca, they even take aim at a potentially explosive mix of religions and cultures—particularly explosive in a country that had only recently added to its constitution a prohibition against building minarets [→ FIG. 5].

FIG. 11 → p. 16
Davide Cascio and Christian Kathriner,
Transposition. Exterior view of "nomad's tent"
with woven imitation brick, 2009.

With respect to the idea of reproducing a brick wall in the medium of fabric, we might again think of Venturi, who in 1985 submitted a proposal for reconstructing the Ponte dell'Accademia in Venice. It featured decorative fiberglass panels hung in front of a conventional engineering construction printed with enlargements of early medieval Cosmatesque decorations—a motif found in modified form on not a few Venetian house facades (it need not be emphasized here that the project stood no chance of being realized) [→ FIG. 12]. As artists not bound by the dictate of the *appropriateness of materials*, Kathriner and Cascio could give free rein to their delight in the possibilities of media transfer with—as the highlight inside the tent—photorealist tapestries woven, according to Kathriner, by a "CAM-controlled loom in Flanders, the ancestral homeland of the Gobelin tradition." Although the nomad's tent may transfer Semper's *theory of dressing* to the modern era, it also seems to radically reject the ethics of dealing with materials and technique that was essential for Semper and the modernist theorists who followed him. It was Semper, after all, who set out to condemn the strategies of mimicry and forgery with whose aid "speculation," effortlessly accomplishes, "with means borrowed from science," the most difficult and troublesome things:

FIG. 12 → p. 16
Venturi & Rauch, *Ponte dell'Accademia*.
Competition entry for a new
bridge over the Canal Grande, Venice, 1984.

"The hardest porphyry and granite are cut like chalk and polished like wax. Ivory is softened and pressed into forms. Rubber and gutta-percha are vulcanized and utilized in imitations of wood, metal, and stone carvings, exceeding by far the natural limitations of the material they purport to represent. Metal is no longer cast or wrought, but treated with the newest unknown forces of nature in a galvano-plastic way. [...] Machines sew, knit, embroider, paint, carve [...], putting to shame every human skill."

The Arts and Crafts reform movement from William Morris to the Bauhaus took up this thread, yet the mass culture of the modern era mostly ignored this moralizing critique of industrial methods and their commercial application and went on creating its own facts. And as a consequence, art in the 21st century sees itself confronted with challenges that the Bauhaus could not even have dreamed of.

THE BIBLE AND MYSTERY PLAYS

The events depicted in the tapestries are reminiscent of nothing so much as of war. The closest reference that comes to mind are in fact the war-related events depicted in Édouard Castres's spectacular Bourbaki Panorama in Lucerne, painted in 1881. People fleeing, overcome by exhaustion, or waking up after an inhospitable night spent beneath the open sky [→ FIG. 13]. Are they refugees? Migrants? Demonstrators? Pilgrims or tourists whose trip was thrown off track by adversity? Kathriner would not be the first contemporary artist to show an interest in Castres's epic depiction of the incursion of a French army into Switzerland on February 1, 1871, and in the realism with which the fate of these soldiers—completely exhausted, barely escaping catastrophe—is depicted. In *Restoration*, produced in Lucerne in 1993, Jeff Wall took the Bourbaki panorama as his subject, or rather he anticipated its refurbishment three years later—a process that was related to Wall's own project of updating the artistic tradition using the medium of the photographic tableau [→ FIG. 14].

FIG. 13 → p. 16
Christian Kathriner, *The Sleeping*.
Detail and view of installation, CAM-woven tapestry,
~ 118 × 197 inches, 2009.

FIG. 14 → p. 17
Jeff Wall, *Restoration*.
Photographic transparency in light box,
46.8 × 192.7 × 8.6 inches, detail, 1993.
It depicts part of a fictitious restoration of the
Bourbaki Panorama in Lucerne.

As with some of Wall's works, the tapestries of Hergiswald depict scenes that are left largely unspecified but are characterized by landscape and atmosphere. Another striking feature of these biblical or quasi-biblical tableaux must be mentioned: the specific nature of their "theatricality." We are confronted by mystery theatre: rather than being depicted as reality, the world of fleeing, migration, or soldiers on leave is shown in these large images as a theatrical performance. One may think of Wall again, who in the context of his own, far less demonstrative form of theatricality, once remarked that he preferred to depict people who were on the point of learning something—playing the guitar, for example—and not those who already mastered the technique, as a way of preserving the authenticity not so much of playing music but of the entrance of the person performing it. Similarly, the Hergiswald tapestries do not primarily depict biblical scenes but rather people in situations that evoke memories of events in the New Testament: the Deposition from the Cross, or the disciples sleeping at the foot of the Mount of Olives. The event as such is merely suggested: what is real are the people who perform it—and whose presence in the image lends an almost shocking immediacy to the 18th-century paintings of the Stations of the Cross hanging on the side walls of the church.

BAROQUE AND POP IN UNTERWALDEN. SOME PREMISES

Kathriner's "biblical images" have not come out of nowhere. Centauromachy on the left, a painting of the harvest with satyrs and nymphs on the right, a monumental diptych in the atrium of a High School in Sarnen—and all this more than a hundred years after Böcklin and Bouguereau? I could not believe my eyes when I discovered the murals by chance in 2003. Their figures and composition unabashedly take Baroque altarpieces as their starting point, yet the palette and technique of their materialization speaks rather of the cult of beauty in today's product advertising and of the combinatorics of Photoshop. Baroque and Pop become one: classical mythology rises from the ashes and speaks the language of the travel brochure. Note that the figures are not only top models and athletes, but also ordinary people of today ... and all this in an institute of higher education in Catholic central Switzerland [→ FIGS. 15 / 16].

FIG. 15 → p. 17
Christian Kathriner, *Centauromachy* and *Harvest*.
Inkjet print on vinyl, 198.8 × 79.5 inches each,
2000–2002, view of installation in atrium of Sarnen
High School, Central Switzerland.

FIG. 16 → p. 17
Federico Barocci (copy after),
The Entombment of Christ. Tempera and oil
on wood, 64 × 49.6 inches,
pilgrimage church in Hergiswald, 17th century.

Not many artists of Kathriner's generation choose to engage in a direct dialogue with the great themes of classical mythology. The Sarnen murals were preceded by still lifes with a skull and a book on a red tablecloth in front of a white curtain, Zurbarán-like, with black apples, shells, pepper pods, often with a lily—here too there is no shying away from the elevated subject [→ FIG. 17]. Then, as if nothing were more obvious: Golgotha. A genuine passion play, presented on a large scale in colourful stills of shocking realism, spread across the walls of a large hall like a giant spread of wallpaper. Baroque compositions once again, the events re-enacted by amateur actors. Correggio and Oberammergau seemed to meet halfway. On the attic floor above it, as an integral part of the presentation, a surreal retrospective was shown of religious paintings by Melchior Paul von Deschwanden, arguably the most important 19th century Swiss church painter (*Nunc Stans 1811–2004*, Nidwaldner Museum, Stans, 2004).

FIG. 17 → p. 17
Christian Kathriner, *Nature morte VII*.
Tempera and oil on wood,
14.7 × 39 × 3.9 inches, 1999–2000.

What sense is to be made of this apparent plea in favour of a return to yesteryear's popular religious beliefs? Or of this rebuttal of good taste in ecclesiastical art since the 1950s? Or is the religious subject here no more than the platform for a discourse that rather than about religion is about the role of art and of the artist in the visual world of today? Similar questions were raised (and continue to be raised) in relation to the Jeff Koons exhibition at Versailles in 2008—perhaps the most spectacular coupling of *High* and *Low* in the European art world in recent years [→ FIG. 18]. Versailles, the European archetype of absolutist court art, challenged Koons to reflect on his own work and the system that allowed it to become famous in a celebratory installation *sui generis*. The drama with which it exposed both the continuity of and the break with the magnificence of yesteryear turned the event into a marketing success for the administration of the château of Versailles and made it a key experience for many. Kathriner and Cascio attempt-

ed something similar, granted in the comparative modesty of their chosen property: a rural pilgrimage church. They worked with familiar pictorial themes rooted in an ancient tradition of piety. No devotional object enlarged to colossal proportions for them, however. In its restraint, the form they chose is suited to the function and character of the place—it is, after all, a church.

FIG. 18 → p. 17
Jeff Koons, *Rabbit*.
View of installation *Jeff Koons Versailles*,
Salon de l'Abondance, Château de Versailles, 2008.

A concrete connection between Versailles and Hergiswald does not emerge from the works as we see them. Here we have to rely on oral tradition. It tells us that the massive expansion of the pilgrimage church in the 17th century was due to the French court, or more precisely to king Louis XIII. Represented by his ambassadors in Solothurn, he is said to have provided donations for the church out of gratitude for the long-awaited birth of a son—the son who would later build Versailles. Although this theory may seem overly bold, it is easy to understand why it appealed to the artists Kathriner and Cascio. If the work itself blurs the boundaries between old and new, sacred and profane, central Switzerland and Rome, *High* and *Low*, then it is only logical that it should happen in a place where the center and the periphery coincide.

BIBLIOGRAPHY

- Bitterli, Dieter, *Die Wallfahrtskirche Unserer Lieben Frau in Hergiswald*, Bern: Gesellschaft für Schweizerische Kunstgeschichte (GSK), 2000.
- Brock, Bazon. *Mondo Cane. Neun Bilder von Gerhard Merz*, exhibition catalogue, Munich: Galerie Tanit, 1983.
- Brüderlin, Markus (ed.), *ArchiSkulptur*, exhibition catalogue, Riehen / Basel: Fondation Beyeler; Ostfildern: Hatje Cantz, 2004.
- Campbell, James D., *Mnemosyne or the Art of Memory: Gerhard Merz*, exhibition catalogue, Toronto: The Art Gallery of Ontario, 1988.
- Celant, Germano, "La scultura, un'architettura non abitabile", in: *Rassegna, Minimal Art & Architecture*, No. 36, Bologna: C.I.P.I.A., 1988, pp. 16–27.
- Felix, Zdenek, *Gerhard Merz. Dove sta memoria*, exhibition catalogue, Munich: Kunstverein München, 1986.
- Fried, Michael, "Art and Objecthood", in: Battcock, Gregory (ed.), *Minimal Art*, Berkeley / Los Angeles / London: University of California Press, 1995, pp. 116–47.
- Fried, Michael, *Why Photography Matters as Art as Never Before*, New Haven / London: Yale University Press, 2008.
- Gisler, Thomas / Holzhey, Magdalena, *Christian Kathriner*, Obwaldner Künstlerhefte 2, Sarnen / St. Gallen: Vexer Verlag, 2002.
- Groys, Boris, "Conversation (interview with Jeff Wall)", in: *Jeff Wall: The Complete Edition*, London: Phaidon, 2009, pp. 98–104.
- Moos, Stanislaus von, *Venturi, Rauch & Scott Brown: Buildings and Projects*, Fribourg: Office du Livre; New York: Rizzoli, 1987.
- Moos, Stanislaus von, *Industrieästhetik*, Disentis: Desertina, 1992.
- Moos, Xaver von, *Die Kunstdenkmäler des Kantons Luzern*, Basel: Birkhäuser, 1946.
- Pevsner, Nikolaus, *Pioneers of Modern Design: From William Morris to Walter Gropius*, Harmondsworth: Penguin Books, 1960.
- Rübel, Dietmar / Wagner, Monika / Wolff, Vera (eds.), *Materialästhetik: Quellentexte zu Kunst, Design und Architektur*, Hamburg: Dietrich Reimer Verlag, 2005.
- Ruskin, John, *The Seven Lamps of Architecture*, New York: Farrar, Straus & Giroux, 1974 (orig. pub. 1848).
- Semper, Gottfried, *Der Stil in den technischen und tektonischen Künsten; oder, Praktische Aesthetik*, Frankfurt / M.: Verlag für Kunst und Wissenschaft, 1860. Translated by Harry Francis Mallgrave and Michael Robinson as *Style in the Technical and Tectonic Arts; or, Practical Aesthetics*, Los Angeles: Getty Research Institute, 2004.
- Semper, Gottfried, *Wissenschaft, Industrie und Kunst*, Mainz / Berlin: Florian Kupferberg, 1966 (orig. pub. 1852).
- Venturi, Robert / Scott Brown, Denise / Izenour, Steven, *Learning from Las Vegas*, Cambridge, MA: MIT Press, 1972.
- Wagner, Monika, *Das Material der Kunst: Eine andere Geschichte der Moderne*, Munich: C. H. Beck, 2001.
- Wall, Jeff / Schwander, Martin, "Ich bin nicht unbedingt an unterschiedlichen Bildthemen interessiert, wohl aber an unterschiedlichen Bildtypen: Jeff Wall und Martin Schwander im Gespräch", in: *Jeff Wall: Restoration*, Lucerne: Kunstmuseum Luzern; Düsseldorf: Kunsthalle Düsseldorf, 1994.
- Wyss, Beat, *Vom Bild zum Kunstsystem*, Cologne: Verlag der Buchhandlung Walther König, 2006.

Jörg H. Gleiter

REVERSE ECSTASY

Christian Kathriner's Tapestries in Hergiswald

Christian Kathriner's tapestries do not facilitate our exchange with imagery. The longer we look at them the more they undermine our faith in the image. If it is so that every idea springs from an imperceptible injury to the spirit, the wall hangings reverse this thesis. First they mobilize our visual fantasy, they electrify us and come so very close to us that they lose their innocence and actually stop existing as pictures. We end up standing in front of a host of unauthorized signs. We started out utterly enraptured and have now ground to a halt, plunged into the reverse ecstasy of the injured spirit.

ANNUNCIATION

The less picture-like they are in conventional terms, the more do these tapestries establish a pictorial category of their own. But that does not make them anti-pictures, not even when we realize that the singular nature of their impact is the result of combining such diverse techniques as scenography and photography, digital processing and tapestry making. Like all pictures, they target collective memory, especially of the Christian iconography that has conditioned our visual memory since childhood, inscribing in its deepest layers art historical motifs, votive images and pictures of the saints that we now take for granted. As a result, we instantly succumb to the recognition factor. The backdrop of the forest and the stage populated with figures wearing wind breakers, anoraks and sneakers unquestionably represent the story of Christ in modern garb.

The ecstatic, passionate gestures of the figures and the beatific, enraptured expressions on their faces bespeak the mystery of the Annunciation, an interpretation substantiated by the fact that the pilgrimage church in Hergiswald is dedicated to the Shrine of Loreto. A replica of the Santa Casa in Nazareth, where the Angel Gabriel is said to have brought the glad tidings, has been erected inside the church. The Annunciation is also the subject matter of the tent-like installation of the whole, as indicated by the disconcerting diagonal grid of white neon tubes closing off the top of the structure. On the one hand, we are reminded of the neon halos on figures of the Virgin and the saints, often seen in churches of the Mediterranean. On the other hand, the neon grid echoes a motif of the Santa Casa, namely the grid on the so-called Angel's Window through which the Angel Gabriel supposedly appeared. This key motif is reiterated several times in the altar of Santa Casa; it is seen in both the panelled ceiling of the church as well as the vaulting of Santa Casa, as a divine motif and therefore as a larger metaphor for the readiness to receive the Holy Spirit.

We all know what the Angel Gabriel said to the Virgin Mary, but we cannot help wondering what the tapestries are trying to tell us, for we also know that every Annunciation and most especially every divine Annunciation necessarily requires and indeed presupposes agreement with what is being announced. No one can disregard divine will; it cannot be negated, as confirmed by Mary's embrace of the conception. But what is it that we are accepting? Or, to put it differently, what complicity is the artist luring us into?

REAL AND UNREAL THINGS

A certain scepticism is justified in view of the fact that the pictures do not bow to what art theory has traditionally termed the "enigma of art". Works of art conceal their messages, hiding them well despite the visibility of the pictures. Using the technique of dissimulation, they keep their secrets while simultaneously ensnaring viewers with revealing clues and signs. As art theory tells us, the aesthetic pleasure that we glean from an artwork is derived from gradually deciphering its message. This is, of course, based on the tacit agreement that pictures always have a message; it is in fact imperative that they have a message that can be rendered in words, for if they didn't, they would be illustrations.

But the tapestries keep their message to themselves. They do not give us the gratification of being able to identify the signs; they are mercilessly disconcerting, and even more so because our confusion follows a phase of large-scale, active recognition. We easily identify everything we see; it all looks so familiar but gradually the meaning begins to blur until sign and meaning, signifier and signified, physically perceived figure and designation part ways, and all that is left is pure form without substance. *Aliquid stat pro aliquo*: a sign is something that stands for something else. When Augustine proposed that definition in the third century, a sign, whether designating a real thing or a transcendental idea, generally referred to something absent. Signs are symptoms; they are a medium of the imagination and their presence can be a deputy for what is beyond representation, unreal and supernatural.

Instead of toeing the line, the tapestries stubbornly veil what they signify. Visually we seem to recognize what is there, but the mind is led astray by deceptive mimesis: the figures show an overwhelming resemblance to long-established canons, to the familiar archetypes of the old masters, all the Michelangelos and Caravaggios, the Renis and Carraccis. Because what we see seems to equate with the associations drawn from the visual inventory of our pictorial archives, we identify one of the scenes, for instance, as the Deposition of Christ. Perhaps we are familiar with Rogier van der Weyden's *Deposition* (1440, Museo del Prado, Madrid) or some other mediaeval representation. The people camping out in sleeping bags can easily be viewed as disciples asleep in the Garden of Gethsemane and those next to them perhaps as pilgrims frozen in ecstasy.

CRYPTOGRAPHY

Composition, colours and gestures are so persuasive that not even the modern clothing worn by the individuals portrayed makes us question our assumptions. The lack of a cross does not faze us; we do not even notice it. And the way the red ladder is propped against the tree trunk leading up to a tree house makes it quite impossible to represent the Deposition. We blithely overlook the fact that the person presumed to be the dead Saviour is fully clothed and that the two people lifting him down have nothing in common with our image of Joseph of Arimathea and Nicodemus, not to mention the fact that the artist has failed to include the other protagonists ordinarily pictured in the scene: the Virgin Mary and Mary Magdalene.

Gradually it dawns on us that Kathriner is playing a visual cryptographic game. Cryptography in its basic form is a technique of rearranging letters to make words illegible and their meaning unintelligible. Encrypted messages can be read when those clued into the system reverse the procedure. Without the key to the code, we are led to the brink of reason and, hence, of madness because we cannot escape the compulsion, the coercion to read the images and attempt to make some sense out of them. Pictures are not playgrounds of uninhibited, free-ranging imagination. Even when they convey mes-

sages of immaterial fantasy, we impose a logic on the perceived structures no matter how imaginary they are.

In the Hergiswald tapestries, linguistic cryptography has been converted into visual cryptography. By applying the device to visual images, Kathriner challenges our preconceived perceptions, demonstrating that seeing can never be impartial. As a rule, a few rough clues suffice to conjure familiar patterns and immediate assumptions as to the identity of a figure or an image. We invariably resort to what we already know, to entrenched perceptions, without initially questioning the details of what we see. Only on further study do we realise that not everything coincides with what we initially thought we saw. Minor discrepancies provoke doubts that acquire the proportions of a crisis, affecting not only our sight but our minds as well.

DIVINE LACK OF REFERENTIALITY

The tapestries wreak havoc with our hermeneutic zeal. The radical negation of semiotic value suspends their representational function. They are teeming with imaginary signifiers. But then we take another look at the tapestries and get a different impression. Apparently the protagonists have also been affected. Bit by bit, it becomes apparent that utter confusion reigns there as well: the gestures are speechless and the physiognomies expressionless—in striking contrast to our initial impression. The more we look, the more we note the growing detachment from reality, in other words the zero point of semantics, where there is no longer any reference to reality and yet nothing that would contradict it either.

The suspension of reality generates a curiously sublime atmosphere. The images are sublime in their ecstasy, merciless in leading nowhere and conciliatory in offering glimpses of ecstatic, mystical moments in the void. The abyss of nothingness is not nothing. In the spirit of Nietzsche it can be said that, by anticipating the potential of a fundamental nihilism, cryptographic visual techniques need not become mired in no-saying or negation. Passage through the zero point may lead to mythical renewal within the cycle of recurrence and reincarnation. Negated by Nietzsche though, alternatively at the zero point of the void a spark of numinosity and divinity may be ignited so that, instead of the reconstitution of the interrupted causality and referentiality of signs, the ultimate, divine causality comes to the fore. The moment the value of signs is radically negated, we are confronted with what might be called a divine lack of semiotic referentiality.

With the Santa Casa in the background, the tapestries acquire import as religious images of a singular order. A Luciferian alliance between nihilism and religion is revealed throughout in the crazed looks and outstretched arms, in the haggard bodies and glazed physiognomies. In one of the tapestries, divine knowledge takes the shape of waking up deranged from a worldly mission. We see a group of utterly bewildered people who seem to have been following a shared objective up to the point of the mysterious Annunciation. The posters indicate that they were in single-minded pursuit of a clear goal. Now, however, confusion and speechlessness prevail; the gestures come to nothing. Their emptiness turns the affirmation of life into the negation of the ego. The speechlessness is eloquent: it shows the Annunciation lapsing into myth, going back further than the enlightened principle that marks all beginnings: the word. Divine knowledge is preconceptual; it is beyond language. The scene tells us so: solidarity, based only on the word, is doomed to failure.

TREMENDUM AND *FASCINOSUM*

Further study reveals that the tapestries do not obey the convention that usually defines the persuasive power of the image: the *animation of form* through empathy. The tapestries obstruct empathy. According to Robert Vischer, the founder of *empathetic aesthetics*, empathy involves a physical and spiritual shift from subject to object. Imitated gestural language returns to the sensation expressed by what is being imitated. Through mimesis, the painful and pleasurable gestures depicted in the pictures are felt with great immediacy by the viewers. Vischer nevertheless clearly posits the precedence of physical empathy as a prerequisite of spiritual empathy. The relationship between object and subject is therefore reciprocal; it is what Aby Warburg called *Einverseelung*.

Here in the tapestries, however, the rhythm between identification with the imagination and the detachment of reason has been interrupted. What is felt and what is meant have been uncoupled. The Annunciation does not bring about an incarnation of the spirit; given the emptied corporeality, gestural imitation cannot lead to spiritual ensoulment. For that reason, we do not succeed in empathetically incorporating ourselves into the represented scenes and their figures. In contrast to the emphatic nature of Christian iconography, as in the early Baroque compositions in Hergiswald, the tapestries do not permit us to be sainted through ensoulment in the pictures—should that be our wish.

Kathriner's pictures engage an inverted empathy, but without cultivating a purely negative aesthetics. In the orgiastic imagery of the gestures and physiognomies there lies a kind of sublime pathos. It is the consequence of a mythical shock that the protagonists seem to have suffered and which attests to the highest conceivable form of presence: the *tremendum* and *fascinosum* of the numinous, of visually ineffable divinity. This explodes the limits of the picture; it reaches out of the picture into the room and toward us, spreading out within us. It moves us and yet eludes visibility; it is audible and yet silent. But the shock does not simply cause fear; it is the shock of an injured spirit, an existential shock and therefore the only experience that still vouches for authenticity today.

Robert Suckale

THE BIBLICAL EXPLANATION FOR THE TREATMENT OF ORNAMENT IN THE WEST

Dedicated to Wolfgang Wolters

Study of Vitruvius's *Ten Books on Architecture* is indispensable to understanding the theoretical foundations of architecture in the modern age. That includes study of his commentators and other contemporaneous treatises, especially those on rhetoric, which served in his time as a substitute for art theory. On the whole, however, the body of writings on architectural theory was not very extensive, nor did the old masters necessarily refer to it. The rise of the modern age in the 18th century reversed the proportion between theoretical writings and excellence in architecture. Although the Middle Ages saw the construction of magnificent buildings, their architects were apparently illiterate as regards architectural theory. We have precious few references to the education of architects, to their ideals, ideas and practices; we do not know of a single biography or autobiography prior to the 18th century. Remarkable records of construction have survived in a few chronicles but little is said about the theory and aesthetics of architecture. Moreover, those that have survived tend to represent the client's point of view. Study of these primary sources can be frustrating for they contain virtually nothing of use regarding the ideas behind the architecture. The obvious paucity of theory and, in fact, of any written reflections is disconcerting and diametrically opposed to the unique artistic quality of ancient and medieval churches, monasteries and palaces.

Does that merely substantiate the argument of those who make a point of declaring that good architecture comes from good architecture? Knowledge of the world's most famous architectural achievements was, of course, the preserve of the upper classes, though it was largely the knowledge of hearsay. What opportunity did the architects of, say, the Île-de-France have to study ancient or early Christian architecture? Almost none! Journeys through Italy were still the exception. And even if undertaken, travellers would have been hard put to find the ancient monuments since, by then, so many of them had all but vanished under the overgrowth. What's more, ancient temples were still decried as harbours of heathen idolatry and therefore not worthy of imitation.

In the Middle Ages, just a few buildings were considered prototypes of architecture, among them the Church of the Holy Sepulchre and the Al-Aqsa Mosque in Jerusalem, the early papal basilicas and the Pantheon in Rome, the octagon of the cathedral in Aachen and the Abbey of Saint-Denis. The original buildings were the Tabernacle of Moses and the Temple of Solomon because they had been commanded and their furnishings specified by the Lord Himself. But having been destroyed, they could not serve as models. Nor was the detailed biblical description of their genesis and construction (III Reg 6–8) of much concrete help to architects. It was too incomplete and unspecific, although a few basic principles were gleaned from their study.

The popularity of Vitruvius's writings in the Middle Ages is borne out by the proliferation of ancient manuscripts and by occasional findings of columns shaped like the trunk of a tree with its branches chopped off, representing Vitruvius's theory about the origins of architecture. In his own day, however, he was read largely for his remarks on fortifications and the design of cities while his classification of columns, taken so seriously since the turn of the 16th century, was generally ignored for being too closely associated with the idolatry of heathen gods. Although study of his orders did yield variations on the design of the capitals, bases and the masonry of columns, there was, in those days, even more legitimate evidence of the column as architecture's most distinguished element in the Bible. For the most part, when architecture is mentioned in the Bible, the text refers to columns.

The Bible as a source of architectural theory? That sounds strange even to scholars of the Bible. And yet the Bible contains remarkable statements, especially in the Old Testament. Our spontaneously sceptical reaction to that thesis is due above all to profound changes in the role and treatment of the Bible in our secular society. Nowadays, the Book of Books is primarily considered a religious or moral text; only very few know it in full and much of it is alien to us. The accounts of miracles are held to be fairy tales, statements of a general nature, scientifically refuted myths. It is important, therefore, to remember that, up until the 19th century, every single line in the Bible was still believed to be utterly infallible even regarding what is said about nature and history; it was a veritable treasure chest of knowledge in all matters regarding human life, nature and, indeed, the entire world. It was an unshakable fact that the Bible could make no mistake, for it was the word of God. Today, the story of creation in particular seems to be an old wives' tale, but a mere century ago it was still unquestioned truth, and even now there are fundamentalists who believe the world was created 5770 years ago.

We smile condescendingly. But can anyone really visualize how gravity maintains our balance and actually keeps us from falling into space? We know perfectly well that the earth revolves around the sun, but we still say "the sun is going down" instead of "the earth is revolving away from the light of the sun". We continue to speak as if Copernicus's theory were wrong. It took colossal, government-decreed efforts until well into the 18th century to promote widespread acceptance of Copernicus's teachings.

The demythologization of such essential biblical teachings has become so self-evident that we tend to forget that the Book of Books was the most important and powerful educational device in the West until the

19th century. Without taking the Bible into account, it is impossible to understand the thoughts and feelings of people in those days and, in fact, of European culture in general. Historically, at least, it most certainly has to be taken seriously as an educational factor. And in doing so, we discover that, while there is very little about the fine arts owing to the iconoclasm of the Hebrews, it contains much more about architecture than one would suspect, so much in fact that I must restrict myself.

But first, for contemporary readers no longer familiar with the Bible, it is necessary to comment on a few of the idiosyncrasies of these texts and their theological interpretation. To begin with, the Bible does not explain; it tells stories selected for their significance in the history of salvation. Moreover, the content is often redundant and bewildering. Exegetes usually quote or discuss key statements, or just parts of them, and, at times, even take them out of context. For instance, the sentence, "thou hast ordered all things in measure, and number, and weight" (*omnia mensura, numero et pondere disposuisti*, Sap. 11,21), which is of great relevance to art and architectural theory, is ordinarily discussed beyond its textual context.

I am here concerned only with the notion of ornament in the Bible and its impact on architecture and art.

The notion of adornment (*ornatus, ornamentum* or *decor*) appears in the Bible in two other contexts in addition to that of architecture. It is first mentioned at the end of the story of creation: "Thus the heavens and the earth were finished, and all the host of them" (host = Gr. *κόσμο, cosmos*; L. *ornatus*: *igitur perfecti sunt caeli et terra et omnis ornatus eorum*, Gn 2,1). Hence, "all the host" means that heaven and earth were adorned with the planets and the stars, the stones, plants and animals, the mountains and rivers, the fields, lakes and meadows; the word "host" encompasses almost all of nature and without such ornament, heaven and earth would be barren and empty.

This is eloquently illustrated by a miniature in the *Bible moralisée*, which depicts God as Creator, presenting an elevation of his plan with an architect's compass of the kind used in the 13th century prior to the introduction of reduced-scale elevations and smaller compasses; it is still used today by many joiners [→ FIG. 19]. Ancient texts often speak of *fabrica mundi* and of God as the *creator machinae mundi*, the *sapiens architectus* and the geometer. I will return to that later.

FIG. 19 → p. 32
God as Creator. Bible moralisée, 13th century, Austrian National Library, Vienna, Cod. 2554.

Man, as God's crowning achievement created in his own image, has his own ornament: clothing. When Judith prepares to meet Holofernes, she adorns herself: *omnibus ornamentis suis ornavit se*. She put away the garments of her widowhood, anointed herself with the most precious ointment, clothed herself with her most beautiful garments, put sandals on her feet, plaited her hair and adorned herself with all her ornaments (Idt 10,3). And the Lord lent her *compositio* (!) radiance (*Dominus contulit splendorem*) and increased her beauty so that she appeared incomparably adorned (*appareret incomparabli decore*, Jdt 10,4). The context indicates that true beauty in a woman requires ornament, meaning not only jewellery and necklaces, but also the grace of clothing, elaborate hair, make-up and an anointed body. Ornament is essential; it is not incidental and even less, dispensable or sinful. Similar passages are found in the book of Esther (Est 2,7).

Biblical ornament gives us the key to understanding the curious and now so alien use of ornament in ancient Europe. I shall not go into further detail regarding the notion of clothing that is revealed in these passages.

Of greater importance is the fact that—in contrast to modernism—nature was viewed as ornament (*ornatus*) and placed on a par with artistic activity. That explains the floral backgrounds and marginal garlands in medieval miniatures, the leafy capitals, frames of foliage and plant world in architecture, and much more. Today, however, even scholarly publications do not recognize the importance of medieval decoration, for they often reproduce pictures without their frames and ornaments, sculptures without their baldachins and consoles and initials without their foliate decoration. The ornament actually dominates and substantially defines the style of the figure. How else could one possibly interpret the voluptuous drapery of a Late Gothic Madonna? The role of ornament also explains the ornamental character of so many medieval representations of nature, and we can now understand why one of the oldest landscapes in the history of art, the early 13th illustration from the Carmina Burana, resembles a carpet [→ FIG. 20].

FIG. 20 → p. 37
Spring Landscape. Carmina Burana, circa 1230, Bavarian State Library, Munich, Clm 4660.

In architecture, the term *ornatus* refers not only to ornamental accessories such as decorative friezes or capitals but to the detail and design of the architecture itself: the columns and engaged columns, capitals and bases, portals and altars—it is all ornament. The same applies to paintings, sculptures, manuscripts and liturgical utensils. In contemporary liturgical treatises, all the features of a church are subsumed under the heading of decoration, even the battlements on the roof. What we call architecture is effectively contained in the term *ornatus*. The Bible contains no descriptions of architecture, as we would interpret it; there is hardly any mention of such elements as colonnades, arches, galleries or elevations.

A world that embraces architectural ornament in this way is utterly alien to purist, anti-ornamental modernism. Calling a work ornamental or decorative still has negative connotations today; the historical relativity of theory as the product of a specific era is rarely taken into account, especially in daily practice. Ornament continues to be considered a superfluous frill that can be ignored with impunity; often, it is even considered inartistic. Open-minded study of medieval art offers compelling, diametrically opposed proof that ornamentation was *the* crucial artistic task not only for architects but for other artists too.

The medieval understanding of nature meant that each and every one of its parts was taken seriously and listed in the greatest of detail and variation: plants, animals, stones—everything is the work of God and stands equal before Him. But like everything else in heaven and earth, they are hierarchically ordered in rank and quality. The Bible clearly observes the rhetoric of the common Latin term, *decorum*, or propriety.

In the Middle Ages, nature itself was considered an artist, whose cornucopia of creativity followed the example of the Lord, albeit of lesser soul than the work of man. Hence, the sumptuous marbling of stone panels, sometimes suggesting figuration as in Venice's San Marco with its grotesquely miraculous pieces of ore and outlandish Nautilus shells. Creation is part of natural revelation, of the *book of nature*: to quote the title of Vincent of Beauvais's encyclopaedia, it is the *speculum naturale*, nature as the mirror of its Creator. At the same time, being in the image of the Lord, nature is the mirror of man, of his essence and destiny, as we learn from Alanus ab Insulis (Alain de Lille † 1202): "All creation on earth is like a book and a painting to us, a mirror of our life and death [...]" (*Omnis mundi creatura quasi liber et pictura nobis est, et speculum nostrae vitae, nostrae mortis [...]*).

The concept of ornament in nature, therefore, applies equally to the work of man, to cities and buildings with all their fittings, to textiles, the work of goldsmiths and all other things created by the hand of man. These things all bear witness to man's *ingenium*, the faculties bestowed upon man by the master architect of the universe.

In the design and appreciation of ornament, the costliness of the materials has the highest priority, followed by their fullness and size, the skill with which they are worked and sometimes their closeness to nature and their rhythm.

A lack of ornament was considered a fault or an indication of poverty; its renunciation—for instance by mendicant friars—was a conscious ascetic act that involved the deliberate sacrifice of a self-evident part of daily life. The concept of ornament was much broader and deeper than it is today, yet also subject to a clear-cut hierarchy. This is demonstrated by the construction of Solomon's Temple, the description clearly following a hierarchical progression from the porch to the body of the temple to the Holy of Holies.

In order to understand the different ways in which ornament was interpreted, it is not enough to examine only the relevant terminology and its use. It is insightful to take a closer look at the way sacred buildings are described in the Bible. Notations on the furnishings of the tabernacle and the utensils for the mass fill many more pages than the description of the tent itself, that is, its appearance inside and out. The porch of the temple is mentioned only in connection with the gilded boards of acacia wood, but never with the room itself. And on reaching the *Sancta Sanctorum*, the Holy of Holies, the text first tells us about the Ark of the Covenant, the altar and its appurtenances, and then lists the quantity and the materials of the columns. They are described as pieces of decoration and not as architectural elements (Ex 26,37 ff., 27,10 ff.), featuring most importantly precious materials—marble, gold, silver and bronze—and exquisite colours.

Two brazen pillars on the porch of the Temple, 35 feet tall, named *Jachin* and *Boaz*, cannot be counted as part of the architecture; they stand as ornaments at the entrance to the Temple.

The perception of these architectural elements exclusively as ornament is reinforced by the fact that only the number of columns and the material of their bases are mentioned but not their shape, the structure of the walls or even the layout of the rooms. Equally significant is the biblical account of the cedar panelling as being so seamless that there was no stone to be seen (III Reg 6,18), which is curious since elsewhere we read that King Solomon ordered large and costly stones for the construction of the temple, albeit to lay the foundations. Since Solomon sent many thousands of workers into the quarries to hew the stones into shape and transport them, they must have been of considerable size. Flavius Josephus writes that the stones for the foundation measured 40 cubits, between 60 and 70 feet depending on which standard one uses, but in any case, a credible size considering the monumental dimensions of the Temple of Baalbek and other Phoenician monuments. And so even the base of the Temple is an indication of monumentality.

Descriptions of the elevation are extremely rare. For the most part, we are told about the dimensions and quantity of the architectural elements. It was more important to note that there were 45 cedar pillars clad in gold to support the Temple than to say something about their arrangement. Mention is made of four ambulatories but it is not clear where they were or how they were interrelated. The numbers of the columns seem to us like a primitive form of architectural analysis, but we should beware of value judgments since they are indicative of an entirely different approach to architecture.

As early as the 12th century, the Parisian scholastic Petrus Comestor († 1179) deplored the paucity of data in the Bible. While to our archaeologically trained minds, the Temple is unmistakably described as having a ceiling of wooden beams, Petrus Comestor reconstructs a vault in which the keystone consisted of a large stone that had been rejected as a cornerstone. His perception is coloured by the age in which he lived, but it also testifies to the ambiguity of the biblical account. Only once is something recorded in the Bible about the appearance of the pillars, namely when a capital is said to be adorned with lilies.

The way the architecture and ornamentation of Solomon's Temple was envisioned in ancient Europe took its cue from the barrel banded and fluted marble columns of St. Peter's in Rome, with plants, especially grapevines, winding their way up the grooves [→ FIG. 21]. It was believed that they came from the Holy of Holies in the Temple in Jerusalem. Even if this is not so, it does point out something essential and right: first and foremost, the appreciation of the precious material, green marble, then its architectural transformation into a spiralling and ornamental shape and, finally, the additional

embellishment of delicate foliage. Bernini had good reason to use these columns as a model for his tabernacle pillars in St. Peter's in Rome, demonstrating that he also adhered to the biblical concept of ornament.

FIG. 21 → p. 43
Baldachin and Solomon's Pillars.
St. Peter's, Rome.

It was almost impossible to imitate the biblical approach to architecture and ornament in the Western world because such precious wood was in short supply as were gold and precious stones. But at least people tried whenever they could, as in Rome and Venice, and in Saint-Denis as well. The fact that these attempts never led to a second Temple of Solomon is due to other influences, above all the architectural traditions of columnar arcades in late Roman basilicas and the art of vaulting. Nonetheless, the Middle Ages did adopt the notion that biblical architecture and the pictorial arts are ornament to a much greater extent than ordinarily presumed. Another mode of architectural analysis is required to do justice to the biblically defined concept of ornament.

It would necessitate a complementary investigation into how and where the purism and rigorous separation between architecture and ornament evolved. Whatever the case, the master builders of the Florentine Renaissance cannot be held responsible. In the 14th and 15th centuries, the key source of influence was the supposed antiquity of the 11th century Florence Baptistery. Veronica Biermann has even proven that Alberti also treated pillars primarily as ornament. In the final analysis, his understanding of ornament bears the stamp of the Middle Ages, which Biermann overlooked, and it certainly does not reflect the reduced approach to ornament that is prevalent today.

In conclusion, let me make a brief excursion to prove the point. I wonder to what extent Gothic tracery was inspired by the Bible, since it is the only style of ornament that cannot be traced back to antiquity and as a fenestrated element, it resisted the various Renaissance movements. It is undoubtedly a child of the formal task defined by the window, a pivotal feature of lighting in Gothic architecture. However, this alone does not explain the emergence of geometrical ornament.

An additional factor was the aspiration of master builders to demonstrate their excellence in the liberal art of geometry as a means of enhancing their status and setting themselves apart from stonemasonry, which was relegated to the *artes mechanicae*. In the design of the Gothic tracery in the gable above the portal of Clermont-Ferrand Cathedral, geometry, symbolised by its chief exponent Euclid, is placed in the middle of the sexfoil rosette and thus ranked highest in the cycle of the Seven Liberal Arts [→ **FIG. 22**].

FIG. 22 → p. 44
The Seven Liberal Arts. Ornamental gable,
southern transept, Clermont-Ferrand Cathedral.

The innovation of tracery was inspired by an appreciation of geometry both in the Bible and among theologians of the 12th and 13th centuries. Let us return to the sentence quoted above and the historical context of its reception: "Thou hast ordered all things in measure, and number, and weight." Weight is assigned to music, number to arithmetic and measure to geometry. Geometry was the mother of beauty, and God, the great master builder and geometer, followed the rules of the Seven Liberal Arts in creating the world as a work of art. Nicolaus Cusanus writes that God used the same arts in Genesis as man uses in studying nature and creating man-made works of art and architecture. One can therefore say that geometric tracery is a form of ornament that is especially close to divine creation and assuredly higher in rank than plant ornament, as manifested by the fact that the arrangement and design of the foliage on capitals and keystones follow geometrical principles [→ **FIG. 23**].

FIG. 23 → p. 54
Keystone. Central aisle, Naumburg Cathedral.

Tracery perfectly embodies the medieval notion of ornament: it can be monumental and an architectural member; yet it always remains ornamental. It mirrors its own reality, yet it is the result of invention and imaginative fancy. Such forms of ornament are well-suited to the representation of hierarchies; numbers also come into play since tracery positively invites the application of numeric symbolism. The hierarchical gradation is determined by increasing or decreasing the number of cusps but also by the gradation itself, in particular the duplication of forms or the addition of new motifs.

Gothic architecture as ornament is beautifully illustrated by the elevation of Amiens Cathedral [→ **FIGS. 24 / 25**], where the design seeks to balance two tendencies: 1. the enrichment of the forms on approaching the inner sanctum, and 2. the representation of movement from bottom to top, which is, at the same time, an expression of *sursum corda* and of ascending to the vaulted heavens. All of the elements are carefully graduated, becoming increasingly intricate and less architectural from storey to storey. Each in their own way, they are load-bearing, framing, ornamental and occasionally expressive. The system stems from the ciborium or the baldachin, a tradition of sacred solemnity that was then already 1000 years old and an extremely decorative form that is both architectural and harks back to the baldachin of the tabernacle. In Amiens, one cannot tell in the elevation where the architecture ends and the embellishment begins, for the transitions are seamless.

FIG. 24 → p. 55
Elevation of nave and choir. Amiens Cathedral.

FIG. 25 → p. 54
The Choir Ambulatory to the North.
Amiens Cathedral.

The tracery is essential to the composition; the latter cannot even be described without taking the tracery into account, and *vice versa*. Even the ornamental foliage of the capitals is part of the extremely thoughtful arrangement, although it cannot be shown here in detail. As we have seen, closer study of the architecture confirms the analysis of the biblical sources: it is impossible to make a distinction between embellishment and architecture. For that reason the structural analysis must inevitably go hand-in-hand with the *ornatus*.

It practically goes without saying that the temples built by the Greeks and their approach to architectural embellishment could not be more different.

The frieze picturing the personified virtues and vices in the central west portal of Notre Dame in Paris is an eloquent example of the interplay between ornament, architecture and sculpture in Gothic art [→ **FIG. 26**]. While the more sculptural and majestically enthroned virtues are framed by a trefoil-cusped arch and triple engaged columns, the vices are flanked by negative grooves. These shapes are not architectural, for they have neither base nor capital; nor are they columns or even negations of columns; they clearly eschew embellishment in their wish to deprive and punish. Being conspicuous vehicles of meaning and inseparable from the composition, they do not satisfy conventional categories of ornamentation. This mix of genres fosters the potential of art.

FIG. 26 → p. 56
Virtues and Vices. Central portal
of the western façade, Notre Dame, Paris.

An essential distinction between the concept of ornament in the Middle Ages and the modern age is that monumental columns with small-scale decorations can be reduced to a common denominator. This had an impact on the decorative arts for which there are barely any analogies in antiquity: because the architecture of Gothic cathedrals was essentially part and parcel of their ornament, it was perfectly logical to use these elements as decoration in books and the fine arts [→ **FIG. 27**]. An entirely new type of decorative architecture emerged, such as the figural baldachin and corresponding consoles on portals and other sites in churches, as well as on pinnacles and gables. Tabernacles and monstrances and a variety of other items belong to this category as well. Just as paintings of panoramic world landscapes are supplemented by close-ups of flora and fauna, which are worlds of their own, the architectural design as a whole stands in relation to its small-scale architectural decoration. Basically, we are dealing here with the modernization of a venerable pair of complementary concepts, *macrocosm* and *microcosm*. These pictures are about the kinship between the infinitely large and the infinitely small, eloquently illustrating Cardinal Nicolaus Cusanus's providential formulation of *coincidentia oppositorum*, the convergence of opposites in God.

FIG. 27 → p. 57
Noah Sends a Dove. St. Ludwig's Book
of Psalms, dating from between 1258 and 1270,
National Library, Paris.

This understanding of ornament prevailed until the 18th century, at least in southern Germany and apparently did not atrophy until the notions of hierarchy and status, associated with the old concept of ornament, had been definitively overthrown in the wake of the French Revolution.

Birgit Szepanski

PREAMBLE

Writing about a work of art means describing it; it means lending the work contours in the process of writing, of wrapping it in words and capturing it in thoughts. At best, a text gives readers and viewers a focal point, a perspective, a possible guide to appreciation. Ideally, the content and function of a text about art entails imagining and envisioning the work on the basis of reproductions, specific data, size, scale, and forms of appreciation *in the eye of the beholder*. Essentially, the text reproduces the viewer's situation. Reproductions, title and data provide an overview, evoke the turning of pages; the views and angles of vision, the shafts of space engendered while walking around a work of art or standing in a room, are staged in word and image and produced in the one-dimensional scale of a book.

Held in one's hands, lying on one's knees or on a table, this publication is a window to the work of art, to the room and location in which it was presented. The book—a portable, unfoldable medium—is a format that contains a flexible collection of knowledge about the work of art and the artist's approach in transmitting the act of seeing, studying and appreciating the work of art.

This text is a notation on the work of art. A note filters out points and details; it provides preliminary information; it is what might be called a *preamble*. It unfolds the temporal, the act of *standing before the work*. As if, in that process, the work of art were stopping for a moment and developing its own potential, this universally variable *pre* is presumed by the writer of this text to negotiate Christian Kathriner and Davide Cascio's work of art (the installation).

Pre is a prefix that can be defined both temporally and spatially; it is introductory and creates various topologies of time and space—prehistory, preface, prefiguration, preliminaries, presumptions are, semantically speaking, not provisional; they are not part of a whole or auxiliary constructions, but rather something placed before, prior interpretations, things to be negotiated. *Pre* has a specific, selfcontained quality and character. It formulates movement, mobility, something transferred and therefore transferable, something that lies between elements and structures. Terms that begin with *pre* are molecules or sluices between differences. They ask questions; they enquire into before and after, into what follows and what is to come and therefore, ultimately, into the viability of something.

Christian Kathriner and Davide Cascio, the artists discussed in this text and their cooperative work of art reproduced this publication, raise questions about the viability of art, the context in which it takes place and the culture, or rather the cultural tradition, in which the making of art is embedded.

The asking of questions oscillates between what is present and given and the open space of the future. A work of art, into which the processual nature of *pre* is semantically Incorporated, is a correspondent and a sign that mediates between units of time. Christian Kathriner and Davide Cascio's installation in Hergiswald, a church of pilgrimage, enters into a dialogue with surroundings that are steeped in the visual and linguistic traditions of the Occident. In this respect it is mobile art that avails itself of the questions and thoughts of a cultural location to engage in enquiry into the present.

PRE-THOUGHTS CONTINUED

The work of Christian Kathriner and Davide Cascio is portable; it can be taken apart, folded up and unfolded. The artists manage to lend substance to the absorbingly useless and meaningless act of transporting material from one venue to another. Their installation is mobile architecture; it was conceived and constructed as such.

The installation quite literally involves the (re-)construction of visual rooms; as movable architecture, it consists of several visual levels and will be mounted in two traditional visual locations[1] or visual architectures that are geographically far apart. There they will be assembled on rods and firmly lashed to the respective spatial body. The duplication, mirroring and distortion, resulting from overlapping visual perspectives and lines of thought, generate further images, additional associations as well as voids induced by the surfeit of different times and images. Conceived as an architectural structure, as a present-day Trojan horse, the installation will be seen in two (art-)historical spaces whose walls and canvases bear the metaphorical and semantic stamp of the Western world's visual heritage.

Which pictures can viewers interpret, read and comprehend with and without a knowledge of (art) history? Which pictures still have or once again acquire an immediate nowness in the process of seeing and thinking?

OVERDRAWING

Kathriner and Cascio superimpose a new visual architecture on a given visual architecture; this artistic device resembles the principle of overexposed photography. The mutual infiltration and collision of visual fields yield a diversity of duplications: foregrounds and backgrounds begin to separate, shadows and lighting are distorted, colours and gestures converge and oscillate. The effect is exponential, an experiment in over-drawing: in contrast to collage, nothing is cut up or outlined; instead, motifs, subject matter and depth are overexposed, and contours reformulated.

TRANSPOSITIONS

The question the artists raise is primarily of a fundamental nature: where does art take place? Inside or outside the neutral exhibition venue? And in contemporary art, is it possible to create places that invite new formulations, to go to places that are not specifically designated by the art market, to insert or plant art in an existing cultural context?

LOOKING FOR WHAT HAS NOT YET BEEN SEEN, WHAT HAS NOT YET BEEN THOUGHT, WHAT IS NOT YET A PLACE

Something that has not yet been worded or is in the process of becoming is situated somewhere between word and image; it is preconceptual; it is still in the process of being thought and of emerging in the realm of ideas and imagination. Looking for terms that apply to something visual, to something nonlinguistic is what is happening here in the work of art on studying the figures, who seem to be doing something, to be lending expression to an act. Or is the opposite happening: is it the mode of action that is lending expression to the people, the faces, the gestures?

This ambivalence between being able and not being able to interpret the depicted gestures, actions and rites define both the imagery and the enigma of the wall hangings in the installation. Newspaper pictures, television pictures, dramatized and choreographed events that need subtitles nowadays for us to classify them within the ceaseless stream of daily and historical events: As media-conditioned viewers, what happens when we discover that gestures of despair, helplessness and aggression are always the same repetitive rituals? Do subject matter and visual gesture prevail? Are the agents arrested in the execution of acting or not acting—forever frozen in the gesture, in the depiction of a cause, in the visual expression?

SEMIOSIS

Patterns of masonry, drawn and woven in linen, a luminous grid of neon tubes in garish colours against a delicately coloured ceiling of filigree paintings from the 17th century, their iconography a mystery: these visual signs intersect in the body of the church in Hergiswald.

When viewers look straight up at the historical ceiling, parts of it are extinguished by the neon light; under the influence of the light, vision is blurred. Visual perception oscillates between positive and negative surfaces, between the pictures on the ceiling, between a lucid, blinding grid and spots of light on the retina of the eye.

Only parts of the whole can be perceived on looking straight up. What has been wiped out, eliminated, is a shadow part of what can be visually perceived and this may well be what the installation is about: the field of difference, the condition of fading out and fading in, the vague emergence of a visual fragment effected by several sources of light.

A picture requires a surface, a place on which to depict it. The surface of projection that Christian Kathriner and Davide Cascio use to project their references and images is fabric. How are viewers to relate these semiotic, art-historical references to the everyday perception of digital, halftone pictures in newspapers or on flat screen TV monitors?

> "Not only in terms of mobility, but also of the technique of multiple reproductions of visual content, the Flandrian carpet is the first still colossal type of auto-mobile picture vehicle, which, on being taken off the wall, is the precursor of the picture printed on a sheet of paper, i.e., the copper engraving and the woodcut, which turned the exchange of expressive values between North and South into a vital process in the circulation of the development of styles in Europe."[2]

WALKING AND SEEING IN ARCHITECTURE

Visitors to a church take measured steps; they walk softly and slowly. When looking at a church for purposes of studying it as part of our architectural and cultural heritage, we move about differently; our gait is more purposeful and under the sway of a photographically trained gaze.

The size and dimensions of a church, a space characteristic of (Western) civilisation, are especially suited to meditative walking. There are very few rooms left that encourage such measured, deliberate steps, walking in silence or whispering. This is something that museums and churches have in common; they call for a kind of reverence, they invite us to walk and see along the avenues of a cultural heritage. The invitation is more fervent in a church than it is in a museum; it is far more representative of an architecture of reverence and cultural awareness; it is an architectural cult(ure) site.

By inserting their installation in this context, the artists incorporate the fundamental relationship of *walking* and *seeing* into the appreciation of their work to great effect. The installation addresses not only the juxtaposition of content and cultural background, but also the potential of this additional mode of viewing—*walking* and *seeing*.

Rooms that encourage ambling, contemplation, a leisurely stride and thoughtful viewing accentuate venerable actions and their traditions: walking as pondering, travelling as life rhythm, pilgrimage as renewal, devotion as understanding. The modes of behaviour in this list are not associated with contemporary art but they are actions that reverberate in the artists' choice of venue: their art is specifically related to them; it choreographs the rhythm of the way viewers walk and see, and it creates a tent-like, permeable architecture that fosters ancient ambulatory traditions.

BETWEEN WORD, PICTURE AND PLACE

What remains to be said after close study, after the many words already written and read about this work and its qualities? Something lies in the spaces between the words and paragraphs of the text, something revealed by what has already been elaborated and is to be captured in words.

There has been talk of displacement, shifts in place, time and image, the emptying out of images and detachment from them, and the attendant quest for new formulations and the perception of art through the symbiosis of seeing and walking. In all of these descriptions, the in-between state is essential. This text is penned as notation, which also points in an interstitial direction. Being, lying, moving in between seems to be an adequate formulation and a mental stratum with which one can understand Kathriner and Cascio's installation.

The installation, expressed through pictures in pictures, through architecture in architectures, through mutual infiltration, opens up vistas of an in-between (thought) space. This in-between space emerges through movement, movement within the process of becoming detached: pictures detach themselves from headlines and subtexts because their formulations are timeless. Once they have been registered by art history, pictures are detached from contemporary history.

Cultural sites along with their architectural and iconographic roots and origins—the original forms of commemorating, recounting and inscribing events—merge with today's images and rituals. Through the encounter, the juxtaposition, the mutual infiltration of words, pictures and places, their silhouettes are drawn and in that way highlighted as form, as something that gives and can be given form.

FORMS OF MOBILITY

A work of art is understood as a form of mobility that contains, reformulates and elucidates both contemporary and art historical concerns. To create a new visual alphabet of substance and comprehensibility, which is not burdened but rather filled with concepts and constructs—translating what was and is valid into "will be", leaving thought spaces open for such undertakings. The artists' shared authorship is also an expression of this form of mobility inasmuch as dialogue and discourse necessitate open minds and flexibility. Mobility is not the same thing as velocity. Nothing contemporary can be produced without cultural retrospection.

A mental image: fabric—guiding one thread alongside another. The movement that results is undulating, placement, front and back, movement in loops. *Transposition*—that transferable position, the transportable (movable) position of the work of art is located in this topological environment, which is also its latitude.

1 After the exhibition in the Hergiswald pilgrimage church in central Switzerland had closed, the artists planned to send their installation on a journey and put it up again in the Sala degli Svizzeri in Palazzo Apostolico in Loreto. Their idea will be realised at a future date.

2 Aby M. Warburg, "Introduction to *Der Bilderatlas Mnemosyne*", in: Warnke, Martin / Brink, Claudia (eds.), Aby M. Warburg, *Gesammelte Schriften. Studienausgabe, Bd. II.1*, Berlin: Akademie Verlag, 2000.

BIOGRAFIEN | BIOGRAFIE

BIOGRAPHIES

Davide Cascio

*1976 Lugano, Bildender Künstler, lebt in Paris. Studium an der Accademia di Belle Arti, Rom und an der Athens School of Fine Arts, Athen. Träger verschiedener Preise, Auszeichnungen und Residenzen.

*1976 Lugano, artista, vive a Parigi. Studio all'Accademia di Belle Arti, Roma e alla Athens School of Fine Arts, Atene. Detentore di vari premi, riconoscimenti e inviti.

*1976 Lugano, artist, lives in Paris. Studies at the Accademia di Belle Arti, Rome, and at the Athens School of Fine Arts, Athens. Recipient of various awards, prizes, and residencies.

Jörg H. Gleiter

*1960 Stuttgart, Architekt und Architekturtheoretiker, lebt in Berlin. Studium der Architektur an der Technischen Universität Berlin (Dipl.-Ing.), der IUAV in Venedig und an der Columbia University in New York (M.S. in Advanced Architectural Design). Seit 2012 Professor des Lehrstuhls für Architekturtheorie am Institut für Architektur (IfA) der TU Berlin, diverse Gastprofessuren. Autor diverser Publikationen zur Architektur- und Ornamenttheorie und zu Friedrich Nietzsche.

*1960 Stoccarda, architetto e teorico dell'architettura, vive a Berlino. Studio d'architettura alla Technische Universität Berlino (Dipl.-Ing.), alla IUAV a Venezia e alla Columbia University a New York (M.S. di Advanced Architectural Design). Dal 2012 professore per la teoria d'architettura all'Institut für Architektur (IfA) della TU Berlino, diverse volte professore ospite. Autore di diverse pubblicazioni sull'architettura, sulla teoria dell'ornamento e su Friedrich Nietzsche.

*1960 Stuttgart, architect und architectural theorist, lives in Berlin. Studies of architecture at the Technische Universität Berlin (Dipl.-Ing.), the IUAV in Venice and at the Columbia University in New York (M.S. in Advanced Architectural Design). Professor of architecture theory at the Institute for Architecture (IfA) at the TU Berlin since 2012, several guest professorships. Author of several books about the theory of architecture and ornaments and about Friedrich Nietzsche.

Christian Kathriner

*1974 Sarnen, Bildender Künstler, lebt in Sarnen (Innerschweiz). 1992–1997 Studium der freien Kunst (Malerei) an der Kunstakademie Düsseldorf. Träger verschiedener Preise, Auszeichnungen und Residenzen.

*1974 Sarnen, artista, vive a Sarnen (Svizzera centrale). 1992–1997 studio delle arti liberali (pittura) alla Kunstakademie Düsseldorf. Detentore di vari premi, riconoscimenti e inviti.

*1974 Sarnen, artist, lives in Sarnen (Central Switzerland). 1992–1997 studies of liberal arts (painting) at the Kunstakademie Düsseldorf. Recipient of various awards, prizes, and residencies.

Stanislaus von Moos

*1940 Luzern, Kunst- und Architekturhistoriker, lebt in Zürich. Studium der Kunstgeschichte in Zürich bei Sigfried Gideon. 1983–2005 Inhaber des Lehrstuhls für moderne und zeitgenössische Kunst an der Universität Zürich. Diverse Gastprofessuren, seit 2010 Vincent Scully Visiting Professor of Architectural History an der Yale University, New Haven. Autor diverser Publikationen zur Kunst und Architektur der Moderne, insbesondere zu Le Corbusier, VSBA Venturi, Scott Brown and Associates.

*1940 Lucerna, storico dell'arte e dell'architettura, vive a Zurigo. Studio della storia dell'arte a Zurigo da Sigfried Gideon. 1983–2005 professore per l'arte moderna e contemporanea all'Università di Zurigo. Diverse volte professore ospite, dal 2010 Vincent Scully Visiting Professor of Architectural History alla Yale University, New Haven. Autore di diverse pubblicazioni sull'arte e l'architettura moderna, in particolare su Le Corbusier, VSBA Venturi, Scott Brown and Associates.

*1940 Lucerne, arts and architecture historian, lives in Zurich. Studies of history of art in Zurich with Sigfried Gideon. 1983–2005 professor of modern and contemporary art at the University of Zurich. Several guest professorships, since 2010 Vincent Scully Visiting Professor of Architectural History at Yale University, New Haven. Author of several books about art and architecture of the modern, in particular about Le Corbusier, VSBA Venturi, Scott Brown and Associates.

Robert Suckale

*1943 Königsberg, Kunst- und Architekturhistoriker, lebt in Berlin. Studium der Kunstgeschichte, Klassischen Archäologie und Lateinischen Philologie des Mittelalters an der Freien Universität Berlin, in Bonn, Paris und München. 1980 als Professor an die Universität Bamberg berufen, 1990 Berufung an die TU Berlin. Autor diverser Publikationen zur Architektur- und Kunstgeschichte, insbesondere des Mittelalters, zur Buchmalerei und Denkmalpflege.

*1943 Königsberg, storico dell'arte e dell'architettura, vive a Berlino. Studio della storia dell'arte, dell'archeologia classica e della filologia latina del medioevo alla Freie Universität Berlino, a Bonn, Parigi e Monaco. 1980 nomina come professore all'Università di Bamberg, 1990 nomina alla TU di Berlino. Autore di diverse pubblicazioni sulla storia dell'architettura e dell'arte, in particolare medievale, della miniatura di codici e della cura di monumenti.

*1943 Königsberg, art and architecture historian, lives in Berlin. Studies of history of art, classical archeology and Latin philology of the Middle Ages at the Freie Universität Berlin, in Bonn, Paris and Munich. Appointed professor at the University of Bamberg in 1980, and at the TU Berlin in 1990. Author of several books about the history of architecture and art, in particular about the Middle Ages, book illumination, and the preservation of historic monuments.

Birgit Szepanski

*1970 Hagen, Künstlerin, Essayistin, Kuratorin, lebt in Berlin. Seit 2009 wissenschaftlich-künstlerische Dissertation an der Hochschule für Bildende Kunst, Hamburg. 2000–2002 Postgraduierten Studium Master of Arts – Art in Context / Universität der Künste, Berlin. 1993–1999 Kunstakademie Münster. 1999–2000 Meisterschülerin.

*1970 Hagen, artista, saggista, curatrice, vive a Berlino. Studio all'Universität der Künste, Berlino. 1993–1999 Kunstakademie Münster. 1999–2000 scolara modello. Dal 2009 dissertazione scientifica-artistica alla Hochschule für Bildende Kunst, Amburgo. 2000–2002 postgraduate studio Master of Arts – Art in Context.

*1970 Hagen, artist, essayist, curator, lives in Berlin. Studies at the Universität der Künste, Berlin, 1993–1999. Kunstakademie Münster, 1999–2000 master student. Since 2009 disseration in the fields of science and art at the Hochschule für Bildende Kunst, Hamburg. 2000–2002 postgraduate studies of arts – art in context.

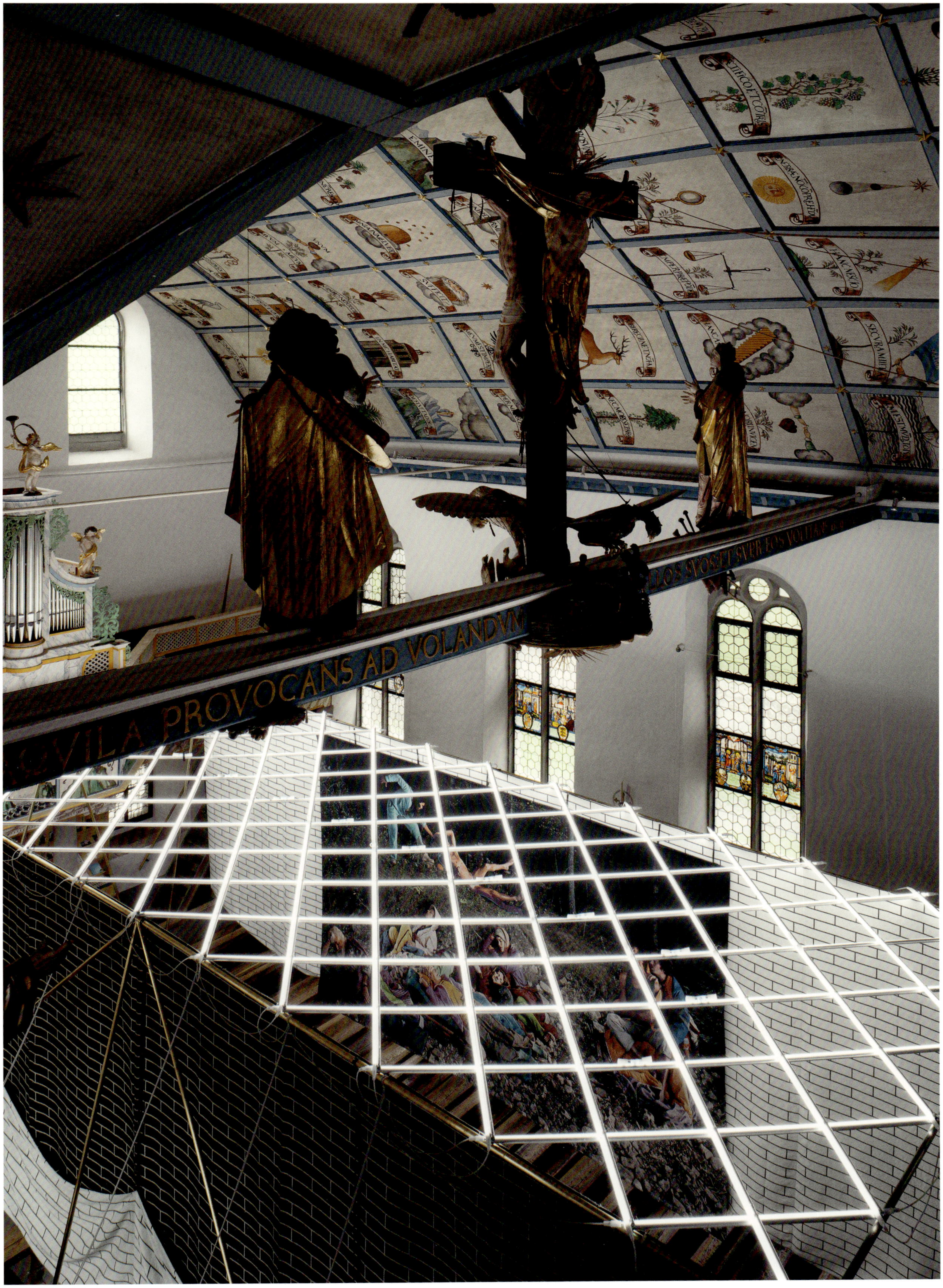
PROVOCANS AD VOLANDVM

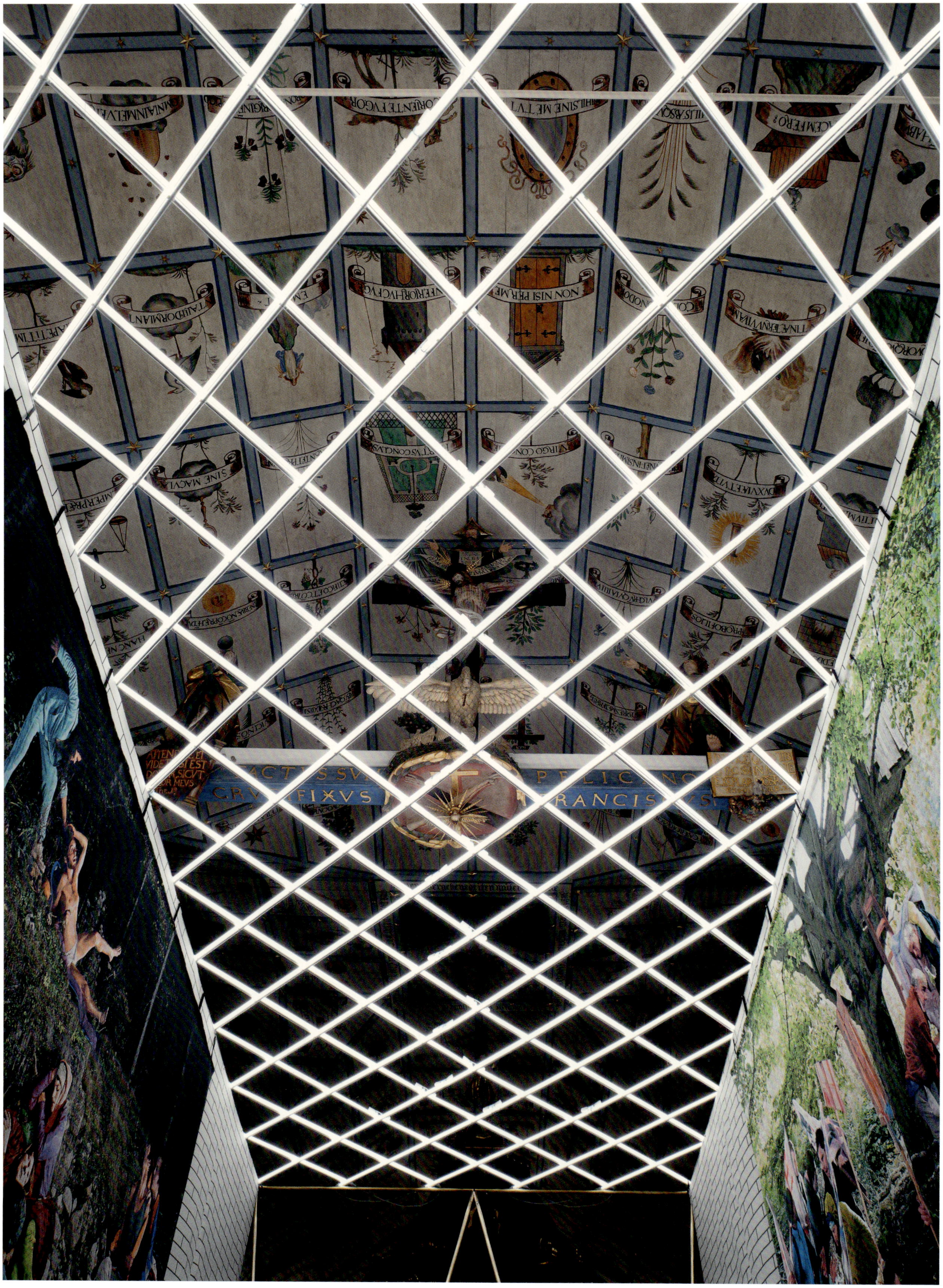

PLÄNE | PIANI

PLANS

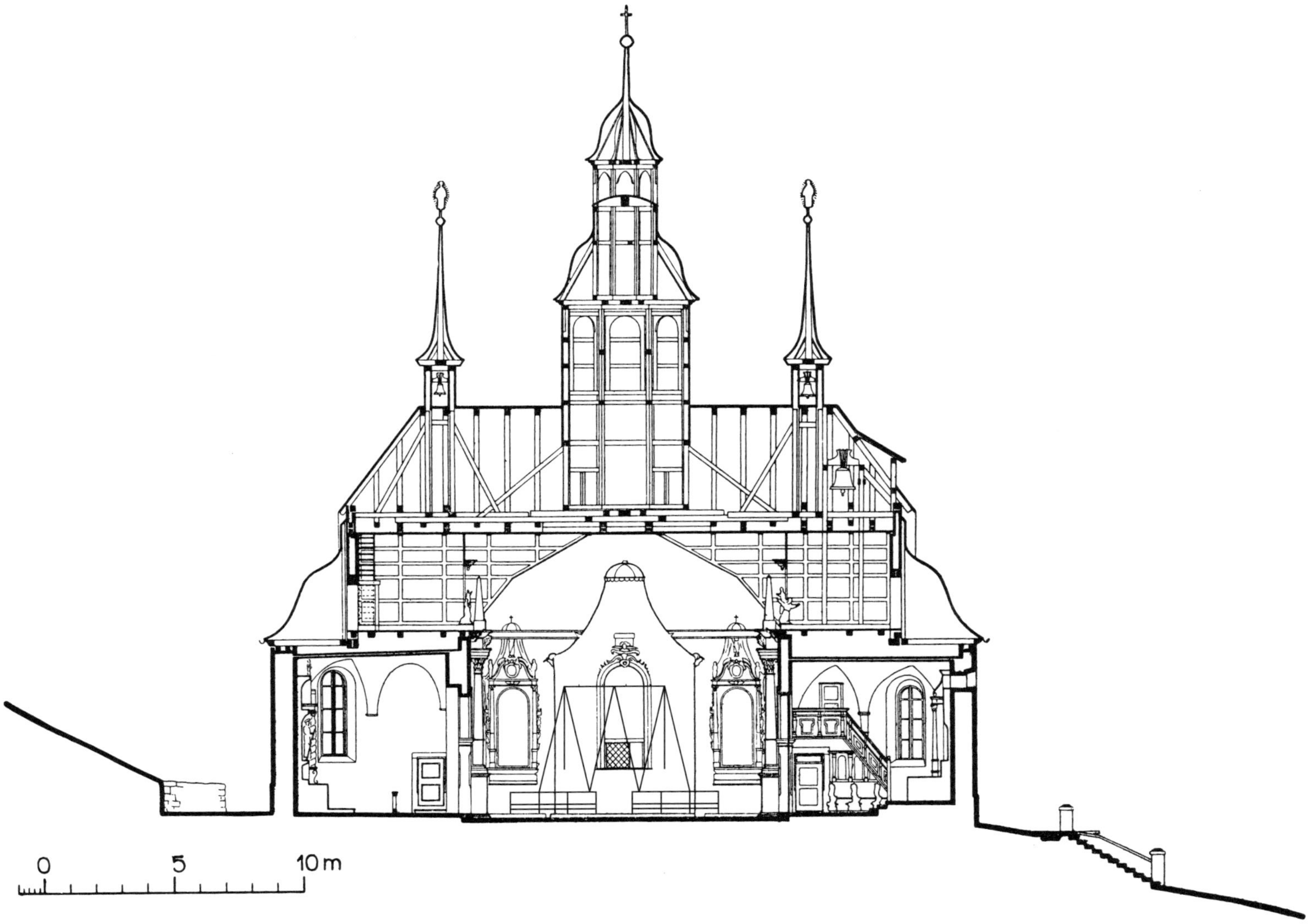

Querschnitt
Maßstab 1:250

Sezione
Scala 1:250

Cross section
Scale 1:250

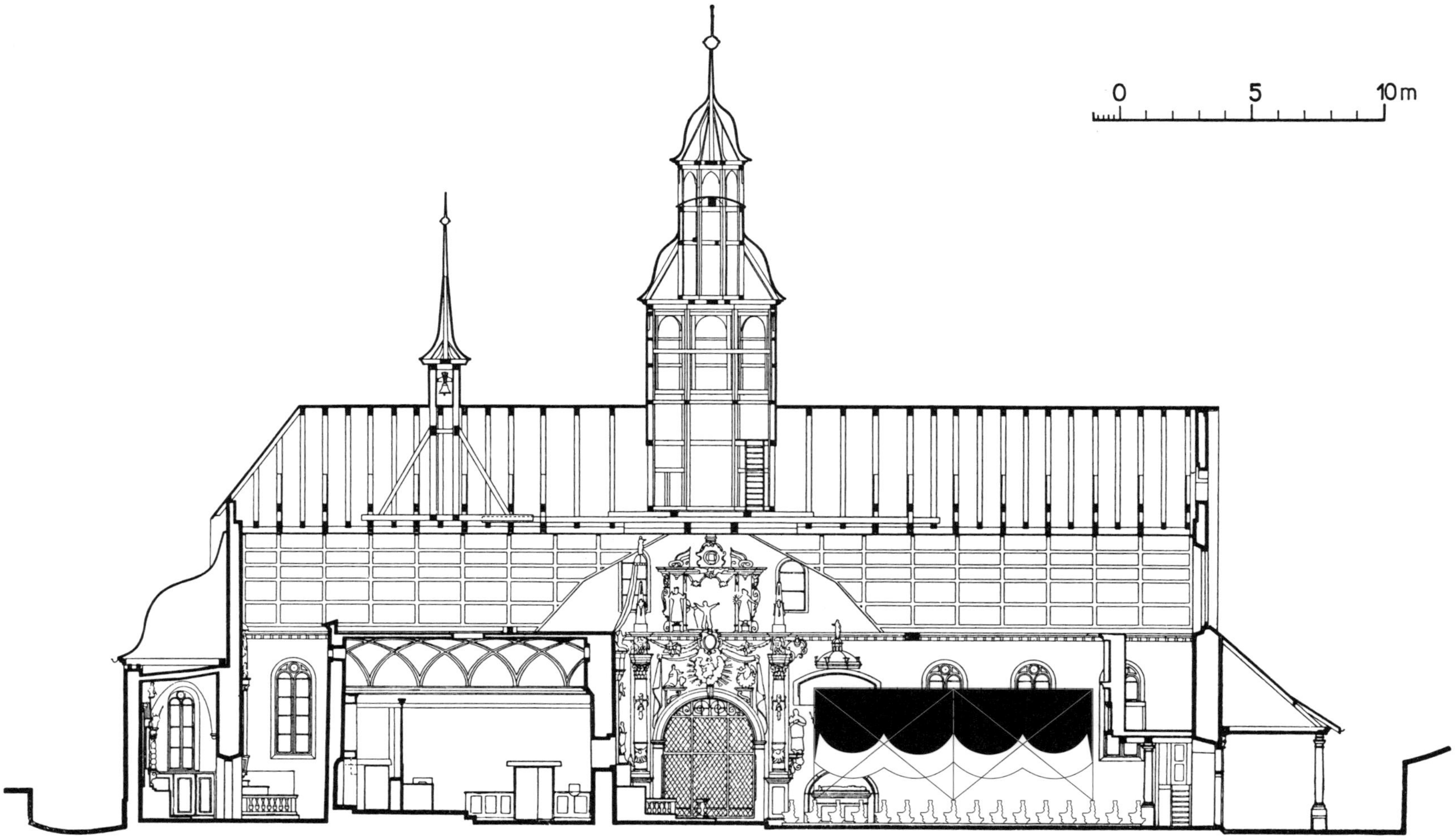

Längsschnitt
Maßstab 1:250

Sezione longitudinale
Scala 1:250

Longitudinal section
Scale 1:250

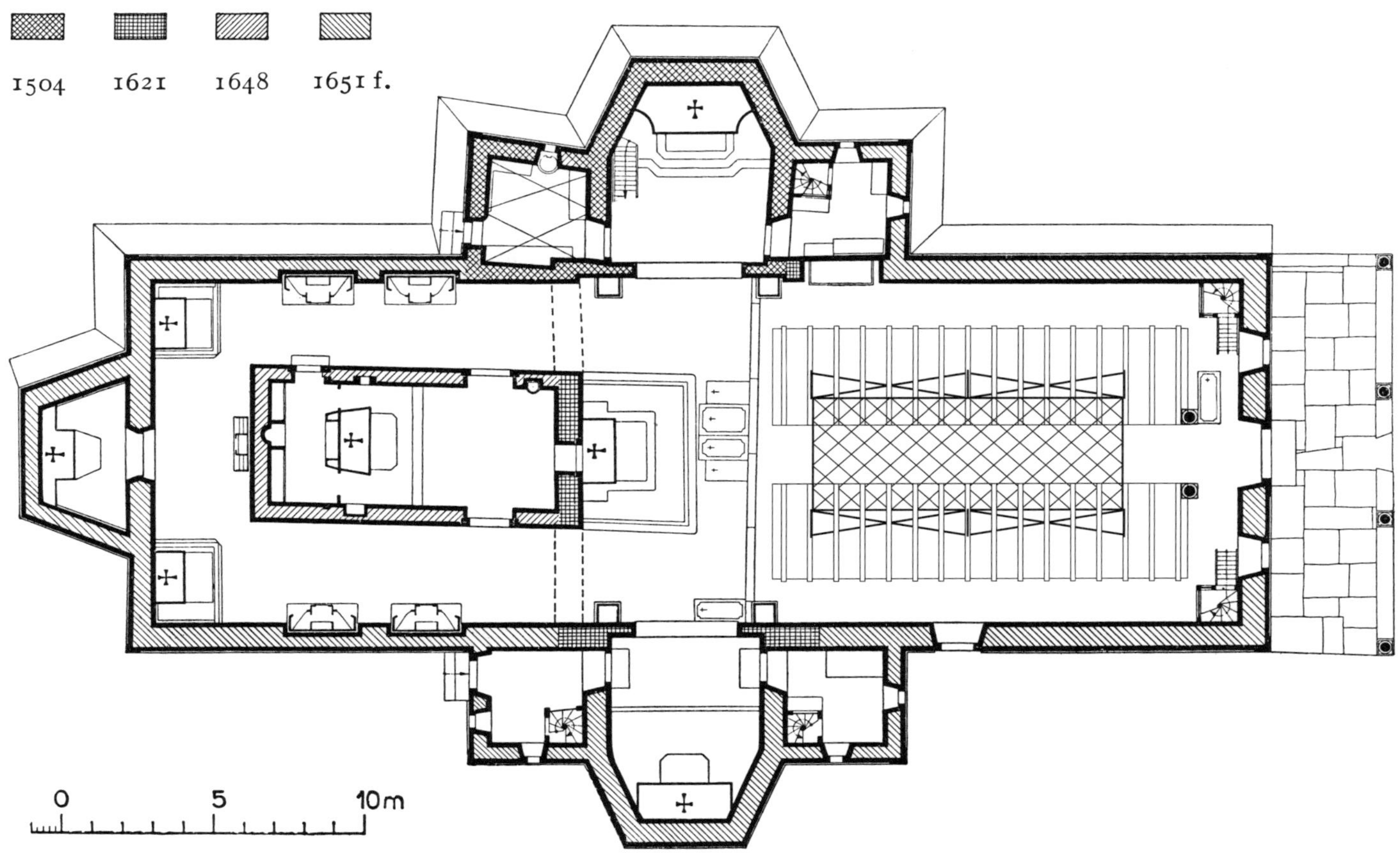

Grundriss
Maßstab 1:250

Pianta
Scala 1:250

Floor plan
Scale 1:250

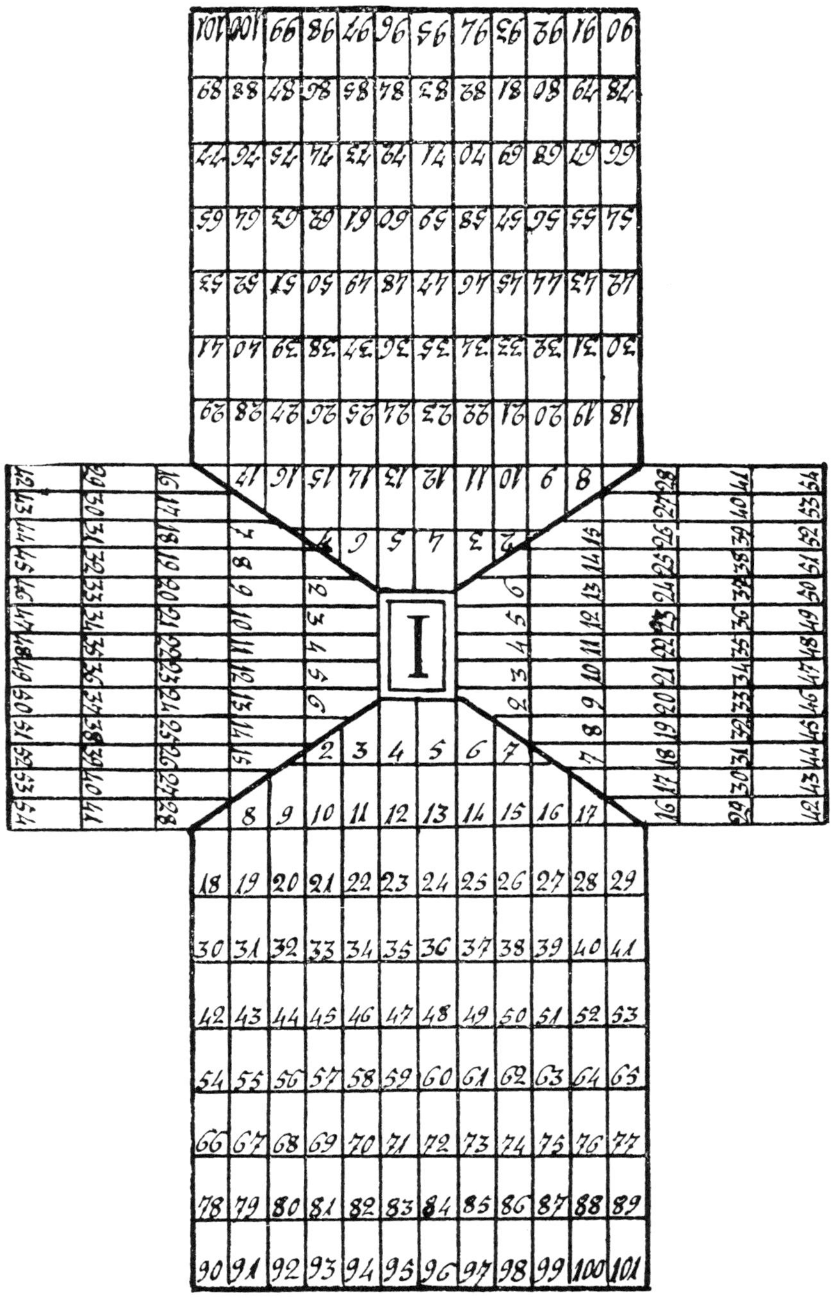

Kassettendecke | Soffitto a cassettoni

Coffered ceiling

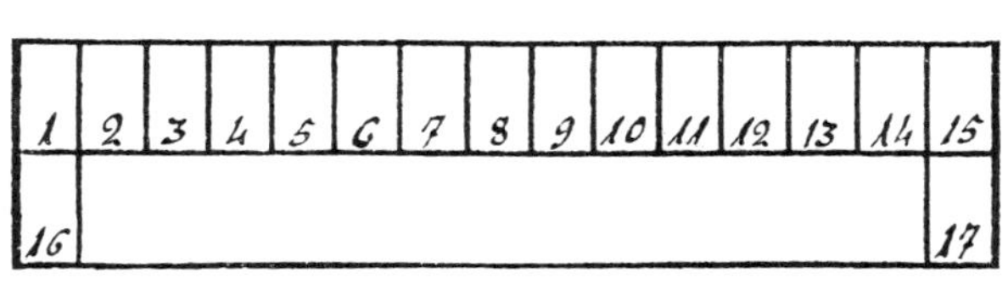

Orgelempore | Tribuna dell'organo

Organ loft

MOTTI DER SINNBILDER | MOTTI DEGLI EMBLEMI

MOTTOS OF THE SYMBOLS

Die Sinnbilder gegen Osten | Gli emblemi verso est

The symbols to the east

2
SEMPER ABVNDANTIVS.
Immer reicher. | Sempre più ricco.
Always much more.

3
IN ODOREM.
Zum Wohlgeruch. | Al profumo.
Of sweet savour.

4
CALIGINIS EXPERS.
Nicht im Finstern. | Libero dall'oscurità.
Not in darkness.

5
NON EXTINGVETVR.
Sie wird nicht erlöschen. | Non si spegnerà.
She will not be extinguished.

6
SE NON ME FRANGVNT.
Sich, nicht mich, brechen sie. | Frangono se stesse, non me.
It is themselves they are breaking, not me.

7
SERVATVR CARCERE.
Im Gefangensein ist er geborgen. | È tenuto in carcere.
In being held captive, he is safe.

8
PER FERRVM PER IGNES.
Durchs Eisen, durchs Feuer. | A ferro e fuoco.
Through iron, through fire.

9
PER ME RETROGREDITVR.
Durch mich geht er zurück. | Per me retrocede.
Through me he returns.

10
DE TENEBRIS LVCEM.
Aus der Finsternis bringe ich das Licht. | Dalle tenebre porto la luce.
Out of the darkness I bring light.

11
SINE HAC PERICLITOR.
Ohne sie bin ich in Gefahr. | Senza di essa sono in pericolo.
Without her I am in danger.

12
NE VIATOR ABERRET.
Damit der Wanderer sich nicht verirre. | Perché il viandante non si smarrisca.
So that the wayfarer does not go astray.

13
QVOTA? MARIAM INTERROGA.
Wann? Frag Maria. | Quando? Chiedi a Maria.
When? Ask Maria.

14
FORTIORA SVPERSVNT.
Nur die Stärkeren bleiben. | I più forti rimangono.
Only the strong remain.

15
OMNES IN ALBVM.
Alle ins Weiße. | Tutti nel bianco.
All in white.

16
RESTITVET CORPORI.
[Sie] wird sie dem Körper zurückgeben. | La restituirà al corpo.
[She] will render it to the body.

17
SCVTA COMBVRIT IGNI.
[Sie] wird die Schilde mit Feuer verbrennen. | Brucerà gli scudi.
[She] will burn the shields.

18
CARTA LIBERTATIS.

Der Brief, der die Freiheit verbürgt.	Lettera della libertà.

The letter that liberates.

19
ETIAM PER CORVOS ALIT.

Selbst durch den Raben nährt [er].	Nutre anche attraverso i corvi.

[He] feeds also with the raven.

20
PVRIOR HOC VTROQVE.

Reiner als diese beiden.	Più puro di ambedue.

Purer than both.

21
MEVM PVLCHRIVS.

Meiner ist schöner.	Il mio è più bello.

Mine is more beautiful.

22

Wappen der Kapellenstifter, Familie zur Gilgen	*Stemma della famiglia zur Gilgen, committente della cappella*

Coat of arms of the chapel's benefactor, the zur Gilgen Family

23
MEA PORTARVNT VISCERA.

Mein Schoß hat ihn getragen.	L'hanno portato le mie viscere.

My womb carried him.

24
CANDOR ILLÆSVS.

Unversehrte Reinheit.	Candore illeso.

Purity inviolate.

25
PVLCHRA, NON FRVGIFERA.

Schön ohne Frucht.	Bella, non fertile.

Beautiful, infertile.

26
VINCENTI DABITVR.

Er wird der Siegerin gegeben werden.	Sarà data alla vincente.

It will be given to the victress.

27
PATIENTIA COLLIGIT ROSAS.

Die Geduld sammelt Rosen.	La pazienza coglie rose.

Patience gathers roses.

28
SPECVLVM DOLORIS MEI.

Spiegel meines Leidens.	Specchio del mio dolore.

The mirror of my pain.

29
SERVABIT ODOREM TOSTA DIV.

Der Krug wird seinen Duft lange bewahren.	La brocca conserverà a lungo il suo profumo.

The jug will preserve its scent for a long time.

30
NON PERSVADEBIS.

Du wirst [mich] nicht überreden.	Non [mi] convincerai.

You will not persuade [me].

31
CONTERET ARCVM.

[Sie] wird den Bogen zerschmettern.	Romperà l'arco.

[She] will break the bow.

32
NON NOCEBIT.

Sie wird nicht schaden.	Non nuocerà.

She will not harm.

33
VT IN ORBE PLVAMVS.

Dass wir Regen geben auf der Erde.	Perché pioviamo sul mondo.

So that we rain on Earth.

34
EXTINGVERE QVÆRENS.

Zu löschen sich mühend.	Cercando di spegnere.

Striving to extinguish.

35
SOLA NVNCIA LVCIS.

Alleinige Botin des Lichts.	Sola messaggera di luce.

Sole messenger of light.

36
IAM FŒLICI[TER] [OMN]IA.

Nun ist alles im Glück.	Già ogni cosa è più felice.

Now everything is well.

37
ATTRAHO GRAVISSIMOS.

Ich ziehe die Schwersten zur Höhe.	Porto su i più pesanti.

I draw the most heavy to the heights.

38
ASCENSV LEVIOR.

Je höher, desto leichter.	Salendo diventa più leggero.

The higher, the lighter.

39
FERT GAVDIA CORDI.

Bringt dem Herzen Freude.	Porta gioia al cuore.

Bring joy to the heart.

40
CAPIT NON PREMIT.

[Sie] fängt es, aber drückt es nicht.	Lo cattura ma non lo stringe.

[She] captures it, but does not squeeze it.

41
VNO OCVLORVM TVORUM.

Mit einem deiner Augen.	Con uno dei tuoi occhi.

With one of your eyes.

42
HAC PRÆSENTE CERTA QVIES.

In seiner Gegenwart sichere Ruhe.	Quiete sicura nel suo presente.

In his presence tranquility is assured.

43
NVNCIA SOLIS.

Botin der Sonne.	Messaggera del sole.

Messenger of the sun.

44
AD LVMEN NON AD IGNEM.

Zum Licht, nicht zum Feuer.	Alla luce, non al fuoco.

To the light, not to the fire.

45
STRINGO NON OCCIDO.

Ich presse es an mich, aber ich töte es nicht.	Stringo ma non uccido.

I press it to me, but do not kill it.

46
EXPERS INTERITVS.

Er geht nie zugrunde.	Non perirà mai.

He will never perish.

47
PVRA FÆCVNDA RORE.

Vom Tau befruchtet ist sie rein.	Dalla rugiada diventa feconda e pura.

Fecundated by the dew, she is pure.

48
AD OMNIA VTILIS.

Zu allem nützlich.	Utile per tutto.

For everything useful.

49
PRÆCIOSIOR[A] [LAT]ENT.

Noch Kostbareres ist verborgen.	Qualcosa di ancora più prezioso è nascosto.

Something even more precious is hidden.

50
HVIC DAT DEVS INCREMENTVM

Gott gibt ihr Gedeihen.	Dio le dona prosperità.

God gives her prosperity.

51
ASPERVS FLAMMESCIT.

Besprengt glüht es.	S'infiamma umido.

Besprinkled it glows.

52
ET HI VENERENTVR.

Mögen doch auch sie verehren.	Anch'essi lo venerino.

May they nevertheless also hold in veneration.

53
ASPICIENDO CALEFACIT.

Indem er sie anblickt, brütet er sie.	Guardandole, le cova.

Looking at them he hatches them.

54
PRO MATRE ET FILIIS.

Für die Mutter und ihre Kinder.	Per la madre e per il figlio.

For the mother and her children.

Die Sinnbilder gegen Süden | Gli emblemi verso sud

The symbols to the south

2
STELLA MATVTINA.

Morgenstern. | Stella del mattino.

Morning star.

3
HVMILIOR QVO ONVSTIOR.

Je mehr belastet, umso bescheidener. | Più umile quanto più gravato.

The more burdened, the more humble.

4
ARMATA DELECTAT.

Bewaffnet ergötzt sie. | Diletta benché armata.

Armed she takes pleasure.

5
NOVA ET VETERA SERVAVI TIBI.

Ich habe dir Neues und Altes aufbewahrt. | Ho conservato per te il nuovo e il vecchio.

I have kept new and old for you.

6
VARIETATE IVCVNDIOR.

Erfreulicher, weil verschiedenartig. | Più piacevole perché vario.

More pleasing as it is varied.

7
VT CASTRORVM ACIES.

Schrecklich wie Schlachtreihen. | Come un esercito pronto a combattere.

As terrible as battle lines.

8
NEC VNVM CECIDIT.

Nicht einer fiel heraus. | Nemmeno una è caduta.

Not even one fell out.

9
PLENA SIBI ET ALIIS.

Voll für sich und die anderen. | Piena per sé e per gli altri.

There for itself and others.

10
VICI NON SINE HAC.

Nicht ohne das habe ich gesiegt. | Ho vinto non senza questa.

Not without this did I conquer.

11
AVREVM QVIA CARITATIS LILIVM.

Golden, weil die Lilie der Liebe. | D'oro come il giglio dell'amore.

Golden as it is the lily of love.

12
INITIVM DOLORIS.

Anfang des Schmerzes. | Inizio del dolore.

The beginning of pain.

13
EXTERMINIVM DOLORIS.

Austilgung des Schmerzes. | Distruzione del dolore.

The extermination of pain.

14
FLORES MEI FRVCTVS.

Die Blüten sind meine Früchte. | I fiori sono i miei frutti.

The blossoms are my fruits.

15
SOLA FLORET VIRGA AARONIS.

Einzig der Stab Aarons blüht. | Solo la verga di Aronne fiorisce.

Only Aaron's staff flowers.

16
TEMPERAT IRAS.

Sie besänftigt den Zorn. | Tempera l'ira.

She mollifies ire.

17
DE MEO.

Von dem Meinen. | Del Mio.

Of mine.

18
QVI EST MVNDVS TOTVS?

Wer ist vollkommen rein? | Chi è assolutamente puro.

Who is completely pure?

19
SECVRA MILITIA.

Sicherer Kriegsdienst. | Esercito fedele.

Faithful field duty.

20
HANC NESCIO.

Ich kenne diesen nicht. | Non lo conosco.

This one I do not know.

21
TENEBRÆ NON COMPREHENDVNT.

Die Finsternis ergreift ihn nicht. | Le tenebre non lo prendono.

The darkness does not cover him.

22
LÆTIFICO ET CONTRISTO.

Ich erfreue und betrübe. | Allieto e rattristo.

I rejoice and sadden.

23
FŒTENTI E CÆSPITE PVRVM.

Rein aus stinkendem Rasen. | Puro dal prato olezzante.

Pure from stinking turf.

24
SEMPER DICATA TRIVMPHIS.

Stets den Triumphen geweiht. | Sempre dedicata ai trionfi.

Always dedicated to triumph.

25
PVLCHRVM QVIA LILIVM.

Schön weil eine Lilie. | Bello come il giglio.

Beautiful as it is a lily.

26
PROBO FILIOS.

Ich prüfe die Kinder. | Metto a prova i figli.

I test the children.

27
REDDO PVRA.

Reines gebe ich zurück. | Restituisco pura.

I render it pure.

28
TRIVMPHVS CRVCIS.

Triumph des Kreuzes. | Trionfo della Croce.

Triumph of the Cross.

29
SOLLICITE PROTEGO.

Voll Sorge schütze ich. | Proteggo con zelo.

Full of concern, I protect.

30
HONORI INVICEM.

Sich gegenseitig zur Ehre. | Onorarsi a vicenda.

Honour each other.

31
HANC A ME DISCE.

Lerne diese von mir [hinaufzusteigen]. | Impara da me [a salire].

Learn from me [to ascend it].

32
SEMPER PRÆPONDERAT.

Sie überwiegt immer. | Prevale sempre.

She always prevails.

33
SINE MACVLA.

Ohne Makel. | Senza macchia.

Without blemish.

34
DECORANT ET PROSVNT.

Sie zieren und nützen. | Decorano e sono utili.

They decorate and are useful.

35
HORTVS CONCLVSVS.
Verschlossener Garten. | Orto chiuso.

Concealed garden.

36
VIRGO CONCIPIET.
Die Jungfrau wird empfangen. | La Vergine concepirà.

The Virgin will conceive.

37
PERMANET IN SIMPLICITATE.
Er bleibt in der Einfalt. | Rimane nella semplicità.

He endures in the simplicity.

38
DVX VIÆ ET VITÆ.
Führerin des Weges und des Lebens. | Guida del cammino e della vita.

Guide of the way and of life.

39
INITIVM SALVTIS.
Der Anfang des Heilens. | L'inizio della salute.

The beginning of salvation.

40
VIRGINEM QVÆRO.
Ich suche die Jungfrau. | Cerco la Vergine.

I search for the Virgin.

41
ORNASSE NON SVFFICIT.
Sie vorgerichtet zu haben genügt nicht. | Non basta aver preparato.

Having adorned her does not suffice.

42
NEC MORS SEPARABIT.
Auch der Tod wird sie nicht trennen. | Nemmeno la morte li separerà.

Even death will not part them.

43
VBI RECLINET, NON HABET.
Er hat keinen Platz, wo er ruhen könnte. | Non ha dove coricarsi.

He has no place to lay his head.

44
ALTA PETIT IMPASTA.
Ohne zu essen schwebt sie zur Höhe. | S'innalza affamata.

Unfed, she floats on high.

45
VT ALII DORMIANT.
Damit die Anderen schlafen können. | Perché gli altri dormano.

So that the others may sleep.

46
EMINET.
Überragend. | Eccelle.

Eminent.

47
NON FERIOR, HVC FVGE.
Ich werde nicht getroffen, fliehe hierher. | Non sono ferito, fuggi da qui.

I shall not be struck, flee hither.

48
NON NISI PER ME.
Nur durch mich. | Solo attraverso me.

But by me.

49
COLOR, NON ODOR.
Die Farbe, nicht der Geruch. | Il colore, non il profumo.

The colour, not the sweet savour.

50
VT IN ÆTERNVM VIVAM.
Damit ich ewig lebe. | Perché io viva in eterno.

So that I live eternally.

51
SEQVOR QVOCVMQVE IERIT.
Ich folge, wohin [es] auch. gehen mag. | La seguo ovunque vada.

I will go wherever [it] may lead.

52
ET DORMIO, ET VIGILO.
Ich schlafe und wache. | Dormo e veglio.

I sleep and keep watch.

53
IN ME PRIMO CREVIT.
In mir wuchs [sie] zuerst. | In me crebbe per primo.

[She] first grew in me.

54
PER ME ASCENDES.
Durch mich wirst du emporsteigen. | Attraverso me salirai.

Through me you shall ascend the heights.

55
MEVM EST IMPERIVM.
Mein ist das Reich. | Mio è il regno.

Mine is the kingdom.

56
SVFFICIT.
Er genügt. | Lui basta.

He suffices.

57
OMNIA IN MEL VERTO.
Ich wandle alles in Honig. | Converto ogni cosa in miele.

I turn everything into honey.

58
CORONATA ORIGINEM RESPICIO.
Gekrönt schaue ich auf meine Herkunft. | Coronata osservo le mie origini.

Crowned, I look back upon my origin.

59
HAC ORIENTE FVGOR.
Wenn dieser aufgeht, fliehe ich. | La sua ascesa mi mise in fuga.

On his rising I flee.

60
NIHIL SINE ME TVTVM.
Nichts ist ohne mich sicher. | Niente è sicuro senza di me.

Nothing is safe without me.

61
HVMILIS ABSQVE NODO.
Demütig ohne Knoten. | Umile senza nodo.

Humble without a knot.

62
PACEM FERO.
Ich bringe Frieden. | Porto pace.

I bring peace.

63
SENSI, NON HABVI.
Ich habe sie nicht gehabt, doch gefühlt. | Non l'ho avuta, l'ho sentita.

I did not have her, just felt her.

64
IN ME SANITAS.
In mir ist Gesundheit. | In me è la salute.

In me there is health.

65
INCEDIT FŒLICITER.
Er reist glücklich. | Marcia felice.

He travels happily.

66
DEFLVIT AD IMA.
[Sie] strömt in die Tiefe. | Scorre in profondità.

[She] flows into the depths.

67
IN ME HABITAT.
In mir wohnt [er]. | Vive in me.

[He] abides in me.

68
VVLNERO, NON OCCIDO.
Ich verwunde, aber nicht zu Tode. | Ferisco ma non uccido.

I vulnerate, but do not perish.

69
VNVM – MEVM, MEVM.
Eines – Meines, meines. | Uno – Mio, mio.

One—Mine, mine.

70
VMBRA MARIÆ.
Schatten Marias. | Ombra di Maria.

Maria's shadow.

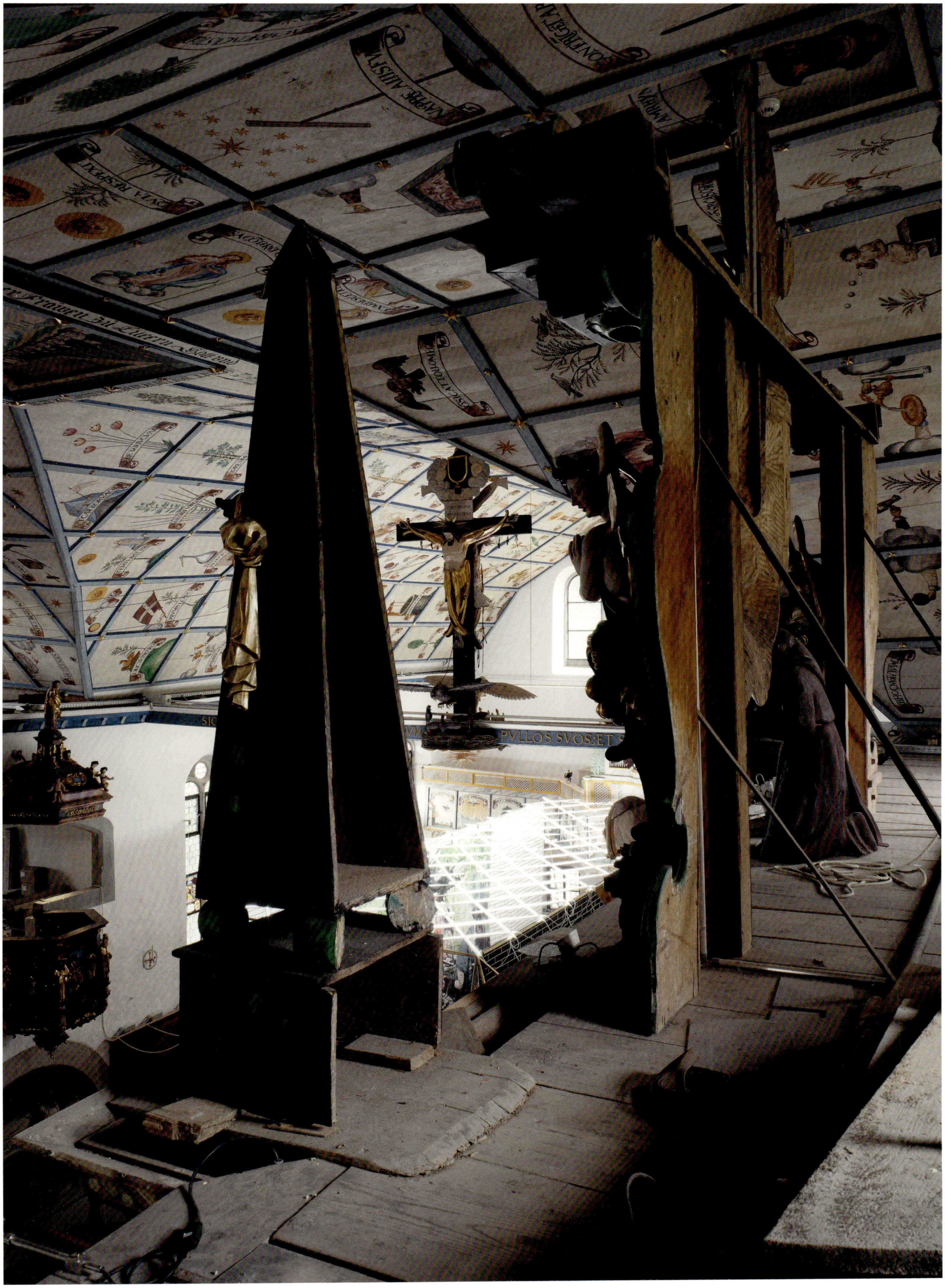
PVLLOS SVOS ET

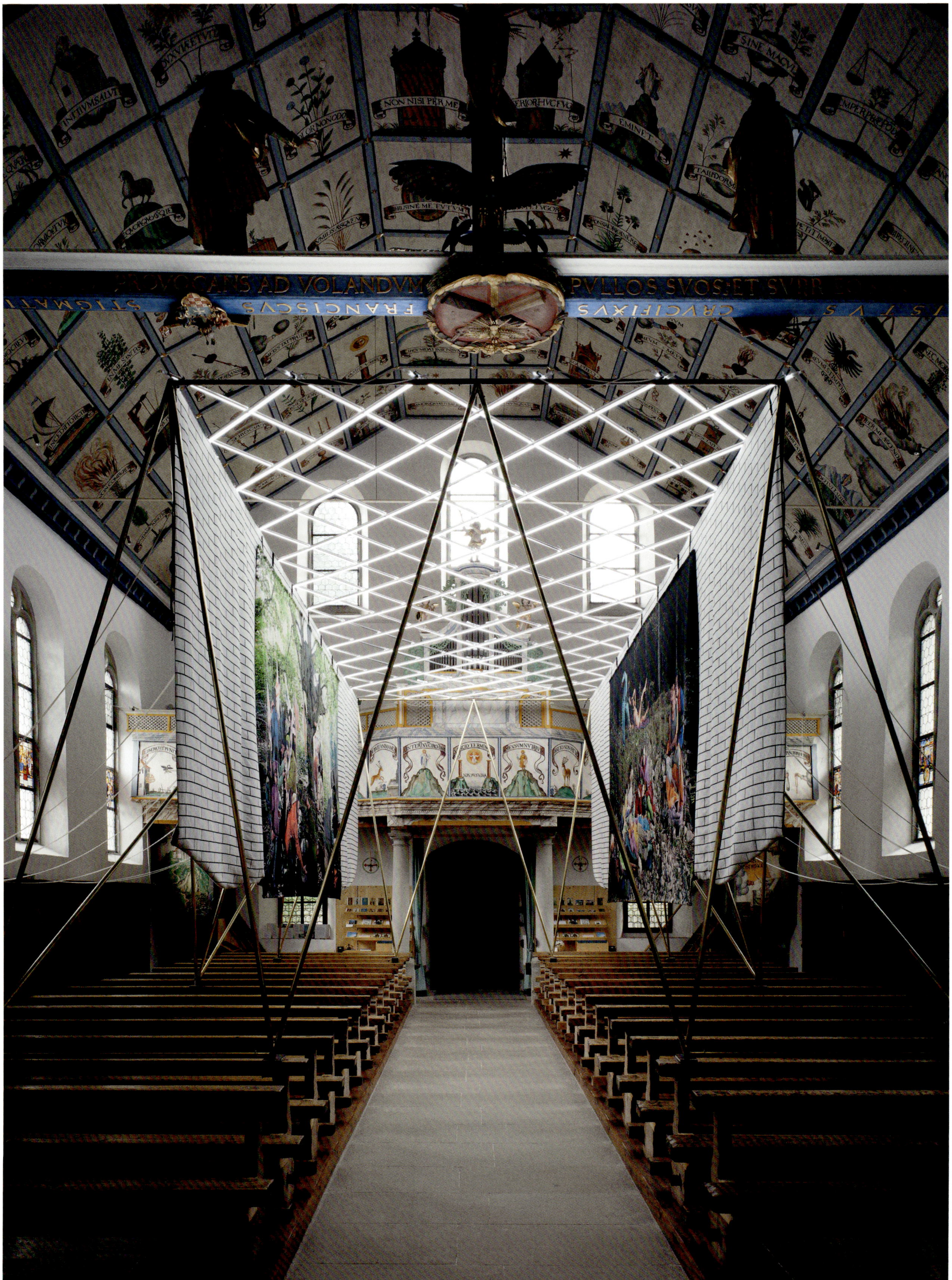
PROVOCANS AD VOLANDVM PVLLOS SVOS: ET
FRANCISCVS
CRVCIFIXVS
NON NISI PER ME

71

AVT BIBE AVT MORERE.

Trink oder stirb!	Bevi o muori!

Drink or die!

72

DABITVR HVMILLIMÆ.

Der Demütigs-ten wird man sie geben.	Sarà data al più umile.

The most humble will receive it.

73

NON SALVS NISI INSCRIPTVS.

Kein Heil, außer es steht geschrieben.	Non vi è salvezza se non nelle scritture.

No salvation but through the Word.

74

MEIS STAT PRÆCIBVS.

Auf meine Bitten bleibt sie stehen.	Sta in piedi con le mie preghiere.

At my entreaty, she stands still.

75

MEVM PERTRANSIIT.

Sie durchbohrte meines.	Il mio l'ha traforato.

Mine was pierced be her.

76

HAVRIRE NE PIGEAT.

Ausschöpfen, dass es nicht faule.	Attingere affinché non diventi putrida.

Draw, that it does not rot.

77

NON COMBVRITVR.

Er verbrennt nicht.	Non brucia.

He does not burn.

78

ALTIOR EGO.

Noch höher bin ich.	Sono ancora più alto.

Even higher am I.

79

INDVRABITVR.

Sie wird verhärten.	Si indurirà.

She will harden.

80

CLAVDO, ET APERIO.

Ich schließe und öffne.	Chiudo ed apro.

I close and open.

81

IN ME OMNIS SPES VITÆ.

In mir ist alle Hoffnung des Lebens.	In me è ogni speranza di vita.

In me is all hope for life.

82

SOLI DEO.

Dem alleinigen Gott.	Solo a Dio.

To God only.

83

NON GRAVAT ET GRAVIDAT.

Sie belastet nicht und befruchtet.	Non schiaccia, ma feconda.

She is not a burden, but she fertilizes.

84

CIRCVMDAT IMMENSVM.

Er umgibt das Unermessliche.	Circonda l'immenso.

It spans the immensity.

85

ITA SINE VMBRA.

So ohne Schatten.	Così senza ombra.

Thus without shadow.

86

PER ME REGES REGNANT.

Durch mich regieren die Könige.	Attraverso me regnano i re.

Through me reign the kings.

87

SERVO CAPVT.

Ich schütze das Haupt.	Conservo il capo.

I protect the head.

88

OMNIBVS OMNIA.

Allen alles.	Tutto per tutti.

All things to all men.

89

FVNDAMENTA IN MONTIBVS.

Die Grundfeste sind auf den Bergen.	Le fondamenta sono sulla montagna.

The foundations are on the mountain.

90

TERREO, LÆDIT ALIVS.

Ich schrecke nur, ein andrer verwundet.	Io spavento, un altro ferisce.

I fear only, another wounded.

91

NON QVÆRIT, QVÆ SVA SVNT.

Sie sucht nicht das Ihre.	Non cerca ciò che è suo.

She does not seek her own.

92

AVDENTIVS OBSTAT.

Er setzt sich mutiger zur Wehr.	Si difende con audaca.

Unremitting courage.

93

NVMQVAM VACVA.

Niemals leer.	Mai vuota.

Never empty.

94

ELEVATVR IN VMBRAM.

In den Schatten emporgehoben.	Mitigato dalle ombre.

Uplifted to the shadows.

95

DEORSVM NVMQVAM.

Niemals abwärts.	Mai indietro.

Never downwards.

96

MAIOR QVIA HVMILIOR.

Größer, weil bescheidener.	Più grande, perché più umile.

Greater because more humble.

97

DISTANTIA IVNGIT.

Sie verbindet das Getrennte.	Unisce ciò che è separato.

She joins the separated.

98

NVMQVAM CONSVMETVR.

Er wird sich niemals aufzehren.	Non sarà mai consumato.

He will never be consumed.

99

EX ME ACCEPIT.

Er empfing es aus mir.	Ricevette da me.

He received it from me.

100

HIS MORS EST VMBRA MEA.

Für sie ist mein Schatten der Tod.	La mia ombra è la loro morte.

My shadow is their death.

101

SOLLICITE VOCAT.

Sie ruft gewissenhaft.	Chiama sollecita.

Solicitously it calls us.

Die Sinnbilder gegen Westen | Gli emblemi verso ovest

The symbols to the west

2
ERVDITVS NOMEN REPERIT.

Der Gelehrte findet den Namen. | L'erudito trova la parola.

The scholar finds the name.

3
QVIA RESPEXIT.

Denn er hat es geschaut. | Perché ha intuito.

Because he has perceived.

4
IPSA CONTERET CAPVT.

Sie wird den Kopf zertreten. | Schiaccerà la testa.

She will tread on the head.

5
EXARDESCET IGNIS.

Ein Feuer wird sich entzünden. | Si accenderà un fuoco.

The fire will flare up.

6
NON SIC ATTOLLO MEOS.

Nicht so erhebe ich die Meinen. | Non innalzo così ciò che è mio.

Not so do I raise mine.

7
IN VINCVLIS LIBER.

In Fesseln frei. | Libera in catene.

Free in chain.

8
TE SEQVAR.

Dir werde ich folgen. | Ti seguirò.

I will follow you.

9
EXCVBAT IN CVSTODIIS.

Er hält Wache. | Fa la guardia.

He keeps watch.

10
VNA PRÆ ALIIS FVLGET.

Einer leuchtet heller als die anderen. | Una splende più delle altre.

One shines brighter than the others.

11
TVRBATA SALVTEM.

Aufgerührt gibt er Gesundheit. | Salute alla turbata.

Troubled he gives health.

12
DECOLORAVIT ME SOL.

Die Sonne hat mich verfärbt. | Il sole mi ha scolorito.

The sun has discoloured me.

13
IN PIGNVS AMORIS.

Zum Liebeszeichen. | In pegno d'amore.

As a token of love.

14
CALORE SOLVITVR.

Durch die Hitze öffnet er sich. | Si aprirà col calore.

He is opened by the heat.

15
NON MANDVCANS NEQVE BIBENS.

Ohne zu essen, ohne zu trinken. | Senza mangiare e senza bere.

Without eating, without drinking.

16
ET VIRGA EST ET VIGILAT.

[Sie] ist ein Stab und wacht. | [Lei] è una verga e vigila.

[She] is a staff and keeps watch.

17
NON PERIT SPLENDOR MEVS.

Mein Glanz vergeht nicht. | Il mio splendore non perirà.

My splendour cannot be destroyed.

18
CÆCAVIT PRÆDONEM.

[Sie] hat den Räuber erblinden lassen. | [Lei] ha reso il predatore cieco.

[She] made the predator go blind.

19
MARCESCET, NON EGO, FLOS AGRI.

Die Blume des Feldes wird welken, ich nicht. | Il fiore del prato marcirà, io no.

The flowers in the field will fade, but not I.

20
CVM CECIDERIT NON COLLIDETVR.

Fällt es, es wird doch nicht zerschmettert werden. | Sebben cada, non andrà distrutto.

In falling, it will not be shattered.

21
CONFRIGET ARMA.

[Sie] vernichtet die Waffen. | [Lei] annienta le armi.

[She] shatters the arms.

22

Wappen der Familie Amrhyn | *Stemma della famiglia Amrhyn*

Coat of arms of the Amrhyn Family

23
PANEM NON SPICAS OBTVLI.

Brot, nicht [nur] Ähren habe ich dargebracht. | Pane, non [solo] spighe ho portato.

Bread, not [just] ears I have brought.

24
EVANESCENT.

Sie werden vergehen. | Svaniranno.

They will fade away.

25
SVPER NIVEM DEALBAT.

[Sie] macht weißer als Schnee. | [Lei] rende più bianco della neve.

[She] makes whiter than snow.

26
VOX TVRTVRIS AVDITA EST

Man hörte die Stimme der Turteltaube. | Si sentì la voce della colomba.

One heard the sound of the turtledove.

27
VIRGINALE PRÆCONIVM.

Das Loblied der Jungfrau. | Canto di lode della Vergine.

The song of praise of the Virgin.

28
SVB HOC MOTV TVTA QVIES.

So bewegt, ruht es sicher. | Sotto questo movimento vi è la pace sicura.

So moved it rests safely.

29
TEMPORE CERTO ADEST, EGO SEMPER.

Er bleibt [nur] eine bestimmte Zeit, ich immer. | Lui rimane [solo] un tempo determinato, io sempre.

He [only] remains a given time, I forever.

30
CASTVS AMOR.

Keusche Liebe. | Casto amore.

Chaste love.

31
SEMPER VIRESCO.

Ich grüne allezeit. | Sempre fiorisco.

I am ever green.

32
MEA CRVX IN ET SINE SANGVINE.

Mein Kreuz im Blut – und doch ohne Blut. | La mia croce nel sangue – ma senza sangue.

My cross in the blood—but without blood.

33
AVRORAM PROVOCO.

Ich rufe die Morgenröte. | Richiamo l'aurora.

I call forth the dawn.

34
REX PORTAT MELIVS REGINA.

Der König trägt sie besser als die Königin. | Il re la porta meglio della regina.

The king wears it better than the queen.

35

NVLLI SVA MVNERA CLAVDIT.

Niemandem verschließt er seine Gaben. | Non preclude a nessuno i suoi doni.

He does not lock away his gifts from anyone.

36

CŒLI FENESTRA.

Fenster des Himmels. | Finestra del cielo.

Heaven's window.

37

INGREDIOR, NON REGREDIOR.

Ich gehe vorwärts, nicht zurück. | Avanzo, non retrocedo.

I go forwards, not backwards.

38

VIRGO NON VIRGA REPERIT.

Die Jungfrau, nicht der Stab findet es. | La vergine, non la verga la trova.

The virgin, not the staff finds it.

39

PER VIRGAM INVENIT GRATIAM.

Durch das Zepter fand sie Gnade. | Attraverso lo scettro trovò la grazia.

By the sceptre she found mercy.

40

GERMINANS GERMINABIT.

Sprossend wird er sprossen. | Germinando germinerà.

Flourishing it shall flourish.

41

IN PACE LOCVS EIVS.

Im Frieden ist seine Stätte. | Nella pace è il suo luogo.

In peace is his dwelling.

42

BOTRVS CYPRI DILECTVS.

Eine Zyprustraube ist [mein] Geliebter. | L'uva di Cipro è la [mio] amato.

A Cypriot grape is [my] beloved.

43

TRINO SVB CORTICE LATET.

Er liegt unter dreifacher Schale verborgen. | È celato sotto una triplice corteccia.

It is concealed under a threefold layer.

44

NON NISI PER ME.

Nur durch mich. | Solo attraverso me.

But by me.

45

TRANSLATA PROFICIT.

Der versetzte Baum gedeiht. | L'albero trapiantato prospera.

The transplanted tree prospers.

46

AMORE ET LABORE.

Durch Liebe und Mühe. | Con amore e lavoro.

Through love and effort.

47

DEVM ET MATREM TVLI – NOLI ME DISPICERE.

Den Herrn und seine Mutter habe ich getragen – Verachte mich nicht. | Ho portato il Signore e sua Madre – Non mi disprezzare.

I have carried the Lord and his Mother—Don't despise me.

48

SI MATER TIGRIS EST?

Wenn die Tigerin Mutter ist? | Se la tigre è madre?

If the tigress is a mother?

49

NVMQVAM CADET.

Es wird niemals fallen. | Non cadrà mai.

It will never fall.

50

VITAM PRO FILIIS.

Ihr Leben für ihre Kinder. | La vita per i propri figli.

Her life for her children.

51

VTROQVE VTI NECESSE EST.

Beide zu gebrauchen ist nötig. | È necessario usare ambedue.

It is necessary to use both.

52

PRO LAPIDEO DAT CARNEVM.

Für ein steinernes gibt es eines, das Fleisch ist und lebt. | Per uno di pietra ne dà uno di carne.

Instead of stone, there is one thing that is of flesh and lives.

53

NATVM HALITV FOVI.

Ich habe das Neugeborene mit meinem Atem gewärmt. | Ho riscaldato il neonato con il mio fiato.

I kept the newborn warm with my breath.

54

DVLCE IN AMARO QVÆRAS.

Du sollst das Süße im Bitteren suchen. | Cerca il dolce nell'amaro.

Look for the sweet in the bitter.

Die Sinnbilder gegen Norden | Gli emblemi verso nord

The symbols to the north

2
PVLCHRA VT LVNA.

So schön wie der Mond. | Bella come la luna.

As beautiful as the moon.

3
NON ME LÆDETIS.

Ihr werdet mich nicht verletzen. | Non mi nuocerete.

You will not hurt me.

4
ITER FACIT ASCENDENTI.

Sie bahnt dem Aufsteigenden seinen Weg. | A chi sale costruisce il cammino.

She makes way for the ascending.

5
VT LVCEAT OMNIBVS.

Damit sie allen leuchte. | Perché brilli per tutti.

So that they all shine.

6
GRAVISSIMI AD ME QVIESCVNT.

An mich gelehnt finden auch die Schwersten Ruhe. | In me trovano pace anche i più gravati.

Leaning on me, even the most heavy find peace.

7
ELECTA VT SOL.

Auserwählt wie die Sonne. | Eletta come il sole.

Chosen like the sun.

8
CONCORDAT COR ET OS.

Herz und Mund stimmen überein. | Cuore e bocca concordano.

Heart and mouth in concord.

9
MALE OPERANTIBVS PAVOR.

Der Schrecken für Übeltäter. | Paura a coloro che operano male.

The terror of evil-doers.

10
SPECIES DECIPIT.

Der Schein trügt. | L'apparenza inganna.

Appearances are deceiving.

11
SERENVM ERIT.

Es wird heiter sein. | Sarà sereno.

It will be fair.

12
VNVS OMNES, VNA MAIOR.

Einer [bewegt] alle, eine ist größer. | Uno [muove] tutto, uno è più grande.

One [moves] all, one is greater.

13
ET EGO SANABO.

Auch ich werde heilen. | Anche io curerò.

I, too, will heal.

14
SILVERVNT FLVCTVS.

Die Wellen wurden still. | Le onde tacquero.

The waves were stilled.

15
PROPE EST ÆSTAS.

Der Sommer ist nahe. | L'estate è vicina.

Summer is near.

16
IN ODOREM CVRRIMVS.

Wir eilen dem Dufte nach. | Corriamo verso l'odore.

We hasten after the sweet savour.

17
ITERVM PARTVRIAM.

Ich werde wieder gebären. | Partorirò di nuovo.

I will give birth again.

18
AD LVCEM VENIVNT.

Sie kommen zum Licht. | Vengono alla luce.

They come to light.

19
PRÆTIVM INTVS.

Drinnen ist der Wert. | Il valore è dentro.

The value lies within.

20
VTRAQVE CLARESCERE FACIT.

Beide führen zum Ruhm. | Ambedue fanno brillare.

Both lead to fame.

21
ALTA ALATIS PATENT.

Den Geflügelten stehen die Höhen offen. | Le altezze sono disponibili per chi ha le ali.

The heavens are open to the winged ones.

22
NON ERRABIS.

Du wirst dich nicht verirren. | Non errerai.

You will not err.

23
PVLSATA NON DEFICIT.

Geschlagen versagt sie nicht und niemals. | Sebbene colpita non viene meno.

Beaten she does not fail now or ever.

24
SVFFICIT VNA.

Dieser eine genügt. | Una basta.

One is enough.

25
IVNCTIS VIS NVLLA NOCEBIT.

Den Verbundenen schadet keine Gewalt. | A chi è unito non nuoce la forza.

No force harms the joined.

26
SALVA GVARDIA.

Schutz. | Salvaguardia.

Shelter.

27
CIVITAS REFVGII CAVE NE REGREDIARE VT SEMEI.

Stadt der Zuflucht, hüte dich, sie zu verlassen wie Semei. | Città rifugio: guardati dal tornare indietro come Simei.

City of refuge, beware of abandoning her like Shimei.

28
MONSTRAT ITER.

Er zeigt den Weg. | Mostra la via.

He shows the way.

29
PERSECVTVS ATTOLLITVR.

Verfolgt erhebt er sich. | Si innalza benché perseguito.

Persecuted he rises.

30
AGNOSCVNT ME MEI.

Sie sollen mich kennen | Che i miei mi conoscano

They should know me

31
DISSIPAT ARDOR.

Die Hitze zerstört. | L'arsura distrugge.

The heat destroys.

32
CONSOLATVR CONSCIA ET FINIS.

Sogar das Ende tröstet die Mitwissende. | Anche la fine consola colei che ne è cosciente.

It consoles those privy and the end.

33
MELIORES DAT MARIA.

Maria gibt Bessere. | Maria dà migliori.

Maria gives better ones.

34
NVNQVAM SEPARABIS.

Du wirst es nie zerteilen. | Non separerai mai.

You will never separate it.

35
NVLLA REQVIES EXTRA.

Keine Ruhe, wenn auch nicht hier.	Nessun riposo al di fuori di qua.

No peace if not here.

36
SCIENTIAM HABET VOCIS.

Er hat Kenntnis der Stimme.	Ha conoscenza della voce.

He does know the voice.

37
QVIS AVDEBIT?

Wer wird es wagen?	Chi oserà?

Who dares?

38
INCASSVM FVLMINAS.

Umsonst schickst du Blitze.	Fulmini invano.

You fulminate in vain.

39
DVM EROGAT, REPARAT.

Während es zerstört, stellt es wieder her.	Mentre distrugge, ripara.

While it destroys, it restores.

40
ATTRAXI SPIRITVM.

Ich habe den Geist angezogen.	Ho contratto lo spirito.

I drew the spirit.

41
OMNIA TRAHAM.

Ich werde alles an mich ziehen.	Indosserò ogni cosa.

I will draw all to me.

42
MONSTRAT ITER.

Sie zeigt den Weg.	Mostra la via.

She shows the way.

43
DVM HIEMAT, VERNO.

Ich grüne zur Winterzeit.	Fiorisco in inverno.

I turn green in winter.

44
IN VANVM FLAMMA LABORAT.

Das Feuer müht sich vergeblich.	La fiamma si sforza invano.

The fire labours in vain.

45
TVTIVS AD PORTVM.

Desto sicherer zum Hafen.	Più sicuro al porto.

So much the safer to the port.

46
HOC TE LIGABO, NESCIO FINEM.

Mit diesem will ich dich binden, das Ende kenne ich nicht.	Con questo ti legherò, la fine non conosco.

With this I will bind you, the end I do not know.

47
NON SAPIT, VBI NON SONAT MARIA.

Es gefällt nicht, wenn nicht Maria spielt.	Non ha senso laddove non suona Maria.

It is not pleasing if Maria does not play.

48
AFFLATV NON LÆDITVR.

Er wird durch den Hauch nicht beschlagen.	Col fiato non nuoce.

The breath will not harm him.

49
IVVENESCERE FACIT.

Sie macht jünger.	Lei fa più giovane.

She makes younger.

50
SAPIDIVS EGO DECOXI.

Ich habe schmackhafter gekocht.	Ho cucinato più gusto-samente.

I have cooked tastier.

51
HIC REGIT ILLA TVETVR.

Dieses regiert, jene beschützt.	Questo regge, quella protegge.

This one rules, that one protects.

52
REDIBIT AD COR.

Er wird zum Herzen zurückkehren.	Tornerà al cuore.

He will return to the heart.

53
QVIS NOS SEPARABIT?

Wer kann uns trennen?	Chi ci separerà?

Who can separate us?

54
A LONGE PROSPICIENS.

Sie werden sich schon von weitem sehen.	Si vedranno da lontano.

They will see each other already from afar.

55
SVB PONDERE PVRPVRA FLVET.

Unter dem Gewicht wird der Purpur-saft fließen.	Sotto il peso scorrerà la porpora.

Under the weight, the purple juice will flow.

56
OBSTANTIA NVBILA SOLVIT.

Sie löst die Wolken, die im Wege stehen.	Dissipa le nuvole che stanno in mezzo.

She dissolves the clouds blocking the way.

57
MELIVS MARIA QVAM CORONA.

Besser Maria als eine Krone.	Meglio Maria che una corona.

Better Maria than a crown.

58
AVT FRVCTVM AVT IGNEM.

Frucht oder Feuer.	Frutto o fuoco.

Fruit or fire.

59
IN HOC VNO SALVS.

In ihm allein ist Heil.	Solo in egli vi è salute.

In He alone is salvation.

60
IN HOC SPES VNA SALVTIS.

In ihr die einzige Hoffnung des Heils.	In essa l'unica speranza di salute.

In her is the only hope of salvation.

61
VERTE, VERTE, O MARIA!

Dreh sie um, o Maria, dreh sie um!	Cambiala, cambiala, o Maria!

Turn it around, o Maria, turn it around!

62
PRO DEO, DEIPARA ET PATRIA.

Für Gott, die Gottesgebärerin und das Vaterland.	Per Dio, la Madre di Dio e la Patria.

For God, the Mother of God and the Fatherland.

63
AD INANIA NVNQVAM.

Niemals ist etwas umsonst.	Mai invano.

Never is anything for nothing.

64
COLLECTA MITESCVNT.

Gesammelt werden sie reif.	Messi insieme diven-tano maturi.

Gathered, they will become mature.

65
IN MEDIO NON COMMOVEBITVR.

Die Achse wird fest bleiben.	L'asse rimane fissa.

The axle will remain fast.

66
OBSERVAT CALIGINEM.

Er richtet sich nach der Dunkelheit.	Si orienta con l'oscurità.

He observes the darkness.

67
NON TANGET NIDVM MARIÆ.

Dem Nest Marias wird sie nichts anhaben.	Non toccherà il nido di Maria.

She will not touch the nest of Maria.

68

IN VNITATE DEVS.

In der Einheit ist Gott.	Dio nell'unità.

In the unity is God.

69

MELIVS QVAM RAHAB MARIA LIBERAT.

Besser als Rahab befreit Maria.	Maria libera meglio di Raab.

Better than Rahab freeing Maria.

70

MANET VLTIMA CÆLO.

Die letzte bleibt dem Himmel.	L'ultima rimane in cielo.

Heaven awaits the last.

71

NVLLA HAC TVTIOR VMBRA.

Kein Schatten ist sicherer als dieser.	Nessuna ombra è più sicura di questa.

No shadow is safer than this.

72

ET AB ÆSTV ET A PLVVIA.

Vor Hitze und vor Regen.	Col caldo e con la pioggia.

From the heat and from the rain.

73

CITABERIS, ADVOCATAM QVÆRE.

Du wirst vor Gericht gerufen werden, suche dir eine Fürsprecherin.	Sarai chiamato a giudizio, cercati un'avvocata.

You will be summoned, look for an advocate.

74

PEDEM VIRGINIS TIMEO.

Ich fürchte den Fuß der Jungfrau.	Temo il piede della Vergine.

I fear the Virgin's foot.

75

VNA MERETVR ALTERAM.

Die eine verdient die andere.	Una merita l'altra.

The one merits the other.

76

NEC ADVERSA RETORQVENT.

Kein Unglück dreht sie um.	Nessuna avversità lo fa girare.

Even adversity does not repel.

77

FERT FRVCTVM IN PATIENTIA.

Er bringt Frucht in Geduld.	Fruttifica nella pazienza.

He bears fruit patiently.

78

PER TRES ME TENVIT.

Drei Tage hielt es mich.	Mi tenne per tre giorni.

Three days it held me.

79

DVLCISSIMVM MELOS.

Süßeste Melodie.	La melodia più dolce.

Sweetest melody.

80

FOVET QVÆ NON PEPERIT.

Sie hegt, was sie nicht gebar.	Si prende cura di ciò che non ha partorito.

She cares for that which she did not bear.

81

AD VTRVMQVE PARATVS.

Zu beidem bereit.	Preparato per ambedue.

Ready for both.

82

VNVM MANSIT INEXTINCTVM.

Eines bleibt ungelöscht.	Una rimane accesa.

One remains unextinguished.

83

LAVDA ALAVDA ME, NVMQVAM SATIS.

Lobe mich, Lerche, nie genug.	Lodami, allodola, mai abbastanza.

Praise me, lark, never enough.

84

VIRGINI MATRI – NON DABITVR ALTERI.

Sie wird keiner anderen gegeben werden.	Ciò che è dato alla Vergine Madre non sarà dato ad altri.

She will be given to no other.

85

QVO CADET IN DVBIO?

Kann es einen Zweifel geben, wohin er fallen wird?	Si dubita dove cadrà?

Is there any doubt as to where he will fall?

86

DVCTRICEM QVÆRIMVS.

Wir suchen die Führerin.	Cerchiamo la guida.

We are looking for the shepherdess.

87

EGO IN ALTISSIMO HABITO.

Ich wohne in der höchsten Höhe.	Abito nell'altissimo.

I abide in the highest heights.

88

GEMINAT INCENDIA.

Sie verdoppeln ihre Hitze.	Raddoppia il fuoco.

They double their heat.

89

TVEBITVR OMNES.

Er wird alle beschützen.	Proteggerà tutti.

He will protect all.

90

NONDVM APPARVIT QVOD ERIMVS.

Es hat sich noch nicht gezeigt, was sie sein werden.	Non è ancora apparso che cosa saranno.

It is not yet known what they will be.

91

LEVABIT SE.

Er wird sich erheben.	Si alzerà.

He will arise.

92

DVLCESCET AMANDO.

Durch Liebe wird er süß werden.	Con amore diventerà dolce.

Love will make it sweet.

93

ASPICIT VNVM.

Er zeigt auf den einen.	Guarda solo uno.

He looks only to one.

94

TALEM TE RESTITVET BALNEVM MARIÆ.

So wird dich Marias Bad wiederherstellen.	Così ti farà diventare il bagno di Maria.

To such a one you will be restored by the bath of Maria.

95

QVIS REDDET RATIONEM? MARIA.

Wer wird Rechenschaft ablegen? Maria.	Chi renderà conto? Maria.

Who must be held accountable? Maria.

96

MAIORES MIHI NON EVADVNT.

Die Größeren entgehen mir nicht.	I più grandi non mi evitano.

The greater ones do not escape me.

97

VIRGINEVM RESPICIT MVNVS.

Er beachtet das Geschenk der Jungfrau.	Osserva il dono della Vergine.

He regards the gift of the Virgin.

98

MINIMA MAGNAM FACIVNT.

Die Kleinsten machen sie groß.	Le cose più piccole la rendono grande.

The smallest make them great.

99

VNDIQVE TVTVS, SVB HOC MAGIS.

Überall sicher, mehr noch unter diesem.	Ovunque sicura, ma di più sotto questo.

Everywhere safe, but under this even more.

100

PORTANTEM OMNIA PORTO.

Ich trage den, der alles trägt.	Porto colui che porta tutto.

I bear the burden of all.

Die Sinnbilder an der Orgelempore | Gli emblemi alla tribuna dell'organo

The symbols at the organ loft

1
LIBERAT ET PVNIT.

[Er] befreit und straft. | Libera e punisce.

[He] liberates and punishes.

2
CÆLVM ET TERRAM IMPLEO.

Ich erfülle Himmel und Erde. | Riempio cielo e terra.

I fill Heaven and Earth.

3
IMPLET TERRAM PROPAGINE.

Er erfüllt die Erde mit [seinem] Geschlecht. | Riempie la terra con [la sua] discendenza.

He filled the Earth with [his] offspring.

4
AGNI REPERIVNT VIVAM.

Die Schafe finden das lebendige [Wasser]. | Le pecore scoprono [l'aqua] vitale.

The sheep find the vital [water].

5
SVCCVRRE MISERIS.

Komm den Armen zu Hilfe! | Soccorri i poveri!

Come to the aid of the poor!

6
SITIVIT ANIMA MEA.

Meine Seele dürstete. | La mia anima aveva sete.

My soul thirsts.

7
INTERMINVM CIRCVMDEDI.

Den Unendlichen habe ich umgeben. | Ho abbracciato l'Infinito.

I have embraced the Infinite.

8
NESCIO TERMINVM – NON PLVS VLTRA.

Ich kenne keine Grenze – Nicht darüber hinaus. | Non conosco confini – Non oltre questo.

I don't know any limits—To here and not further.

9
IMMENSVM NVTRIVI.

Ich habe den Unermesslichen ernährt. | Ho nutrito l'Immenso.

I have nourished the Immense.

10
SATIO NON SITIO.

Ich sättige, dürste nicht mehr. | Io sazio, non ho più sete.

I sate, no longer thirst.

11
LVIT AVSVS IMPIOS.

Sie büßt für [ihre] gottlosen Taten. | Paga [la sua] empia audacia.

She atones for [her] godless crime.

12
MERITO REDIVIVVS QVIA AGNVS.

[Er ist] verdientermaßen auferstanden, weil [er] das Lamm ist. | [È] meritatamente risorto, perché [lui è] l'agnello.

[He] deservedly resurrected, because [he is] the lamb.

13
ET CÆLITES ET BESTIAS ALO.

Ich nähre die Vögel des Himmels und die Tiere der Erde. | Nutro gli uccelli del cielo e le bestie della terra.

He feeds the birds of the heavens and the animals of the Earth.

14
RORE TOTAM FÆCVNDO.

Ich befruchte sie ganz mit Tau. | La fecondo tutta con la rugiada.

I completely fertilize it with dew.

15
SIC STERNITVR HOSTIS.

So wird der Feind niedergestreckt. | Così sarà sconfitto il nemico.

So the enemy will be overthrown.

16
VNAM PETII, HANC REQVIRAM.

Die Einzige habe ich gesucht, sie werde ich finden. | Cercai una, quella troverò.

I have sought the one, I shall find her.

17
ARGVAT QVI DIDICAT, LEGAT QVI INTELLIGIT – PRO MATRI ET FILII NON ZOILIS.

Bestreiten soll, wer es besser weil er es gelernt hat, lesen soll es, wer es in seinem Herzen versteht – Der Mutter und ihren Kindern, nicht für die Spötter. | Che discuta chi ha imparato, che legga chi può intendere – Alla madre e i figli, non ai detrattori.

He who can do it better shall argue, because he has learned it, he who understands in his heart shall read—To the Mother and her children, not for those who mock.

Die lateinischen Motti und deren deutsche Interpretation sind dem Kapitel »Erklärung der Deckenbilder« von Grete Lesky aus dem Buch *Geschichte und Beschreibung der Wallfahrtskirche Hergiswald*, Luzern 1964, entnommen.

I motti latini e le interpretazioni tedesche sono estratti dal capitolo «Erklärung der Deckenbilder» di Grete Lesky dal libro *Geschichte und Beschreibung der Wallfahrtskirche Hergiswald*, Lucerna, 1964.

The Latin mottos and their German interpretations are taken from the chapter "Erklärung der Deckenbilder" by Grete Lesky from the book *Geschichte und Beschreibung der Wallfahrtskirche Hergiswald*, Lucerne, 1964.

Davide Cascio
Christian Kathriner

TRANSPOSITION

Temporäre Rauminstallation,
Wallfahrtskirche
Unserer Lieben Frau in Hergiswald,
5. Juli – 6. August 2009.

TRASPOSIZIONE

Installazione temporanea,
Santuario di
Nostra Donna a Hergiswald,
5 luglio – 6 agosto 2009.

TRANSPOSITION

Temporary spatial installation
at the Pilgrimage church
of Our Dear Lady of Hergiswald,
July 5 – August 6, 2009.

Konzept / Concetto / Concept:
Christian Kathriner, Pascal Storz

Deutsches Lektorat / Redazione Tedesca / German Copyediting:
Nina Köller

Italienisches Lektorat / Redazione Italiana / Italian Copyediting:
Anna Magnago Lampugnani, Thomas Peter

Englisches Lektorat / Redazione Inglese / English Copyediting:
Stephen Telfer

Lateinisches Lektorat / Redazione Latina / Latin Copyediting:
Thomas Peter

Italienische Übersetzungen / Traduzioni Italiane / Italian Translations:
Viviana Chilese, Chiara Pagnani, Stefano Peroni, Thomas Peter

Englische Übersetzungen / Traduzioni Inglesi / English Translations:
Steven Lindberg, Thomas Peter, Catherine Schelbert

Grafisches Konzept und Gestaltung / Concezione e realizzazione grafica / Graphic concept and design:
Pascal Storz, Fabian Bremer, Christian Hofer

Satz / Formatura tipografica / Type setting:
Fabian Bremer, Pascal Storz

Schriften / Caratteri / Typefaces:
AG Old Face, Rosart

Bildbearbeitung / Elaborazione immagini / Image Editing:
Carsten Humme

Druck / Stampa / Printing:
Offsetdruckerei Karl Grammlich GmbH, Pliezhausen

Bindung / Legatura / Binding:
Buchbinderei Mönch OHG, Leipzig

Danksagung / Ringraziamenti / Acknowledgements:
Pascal Storz, Fabian Bremer, Jan Wenzel, Lisa Hissen, Kodolányi Sebestyén, Thomas Trenkle, Florian Sulzbach, Christian Sidler, Mariella & Thomas Peter-Tommasini, Kaplan Franz Josef Egli, Heinz Anderhalden, Stefan Zollinger, Martin Wittwer, Susanne Hissen.

Diese Publikation wurde ermöglicht durch die Unterstützung von / Questa pubblicazione è stata realizzata grazie al supporto di / This publication was produced with the support of:
Kulturförderung des Kantons Obwalden, Casimir Eigensatz Stiftung, STEO Stiftung, Ernst und Olga Gubler-Hablützel Stiftung, Fondation de Famille Sandoz, Dr. Max J. Scheidegger, Dr. Hans Rudolf Imbach / Imbach & Cie. AG, Dr. Maurizio Genoni

Erschienen bei / Pubblicata da / Published by
Spector Books
Harkortstraße 10
04107 Leipzig, Germany
Tel. +49 341 264 51 012
Fax +49 341 212 24 11
www.spectorbooks.com

Auslieferung in Deutschland und Österreich / Distribuzione in Germania e Austria / Distribution in Germany and Austria:
GVA Gemeinsame Verlagsauslieferung Göttingen GmbH & Co. KG
www.gva-verlage.de

Auslieferung in der Schweiz / Distribuzione in Svizzera / Distribution in Switzerland:
AVA Verlagsauslieferung AG
www.ava.ch

Auslieferung in Frankreich und Belgien / Distribuzione in Francia e Belgio / Distribution in France and Belgium:
Interart, Paris
www.interart.fr

Auslieferung in Großbritannien / Distribuzione in Gran Bretagna / Distribution in the UK:
Central Books Ltd
www.centralbooks.com

Auslieferung in den USA / Distribuzione negli Stati Uniti / Distribution in the U.S.:
RAM Publications + Distribution Inc.
www.rampub.com

ISBN: 978-3-944669-41-0

Printed in Germany

Dating of the essays:
Jörg H. Gleiter: 2009, Stanislaus von Moos: 2011, Robert Suckale: 2010, Birgit Szepanski: 2010.

Image credits:
Figures by Davide Cascio (fig. 1 / 6), Jean-Pierre Grüter (fig. 4 / 11 / 15), Christian Kathriner (fig. 6), Stanislaus von Moos (fig. 9 / 10 / 13), Philipp Schönborn (fig. 8), Marc Wathieu (fig. 18).
Installation views by Jean-Pierre Grüter.
Tapestries by Martin Wittwer.
Plans from: Xaver von Moos, *Die Kunstdenkmäler des Kantons Luzern*, Basel, 1946.
Ceiling plan from: Joseph Scherer / Joseph Zemp, *Geschichte und Beschreibung der Wallfahrtskirche Hergiswald*, Lucerne, 1964.

www.davidecascio.com
www.christiankathriner.ch

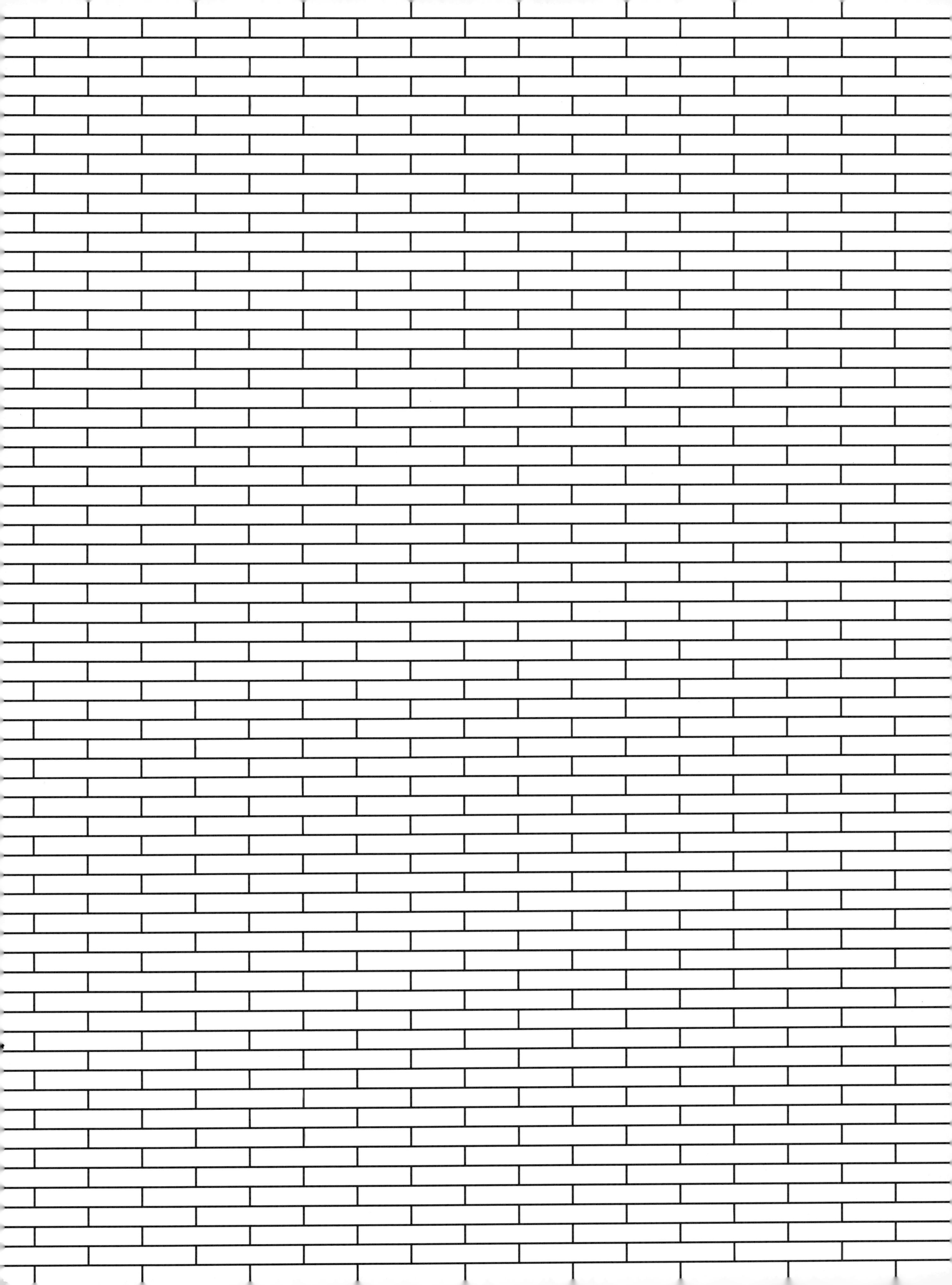